Zu diesem Buch

Die Schweizer Sozialwissenschaftlerin Christine von Garnier hat die letzten zwanzig Jahre in Namibia gelebt, dem ehemaligen Südwestafrika, das einst unter deutscher Kolonialherrschaft stand, heute von Südafrika verwaltet wird.

Ihr Tagebuch, Briefe an ihren Bruder Michel, schildert ihre Auseinandersetzung mit der paternalistisch geprägten Welt der Weißen, die sich immer noch als Erben der Kolonialherren fühlen und aufführen. Sie erzählt vom Weihnachtsfest unter dem strahlend blauen Himmel Namibias, auf dem Piet, ihr Mann aus altem schlesischen Adelsgeschlecht, den Schwarzen die deutsche Weihnachtsgeschichte vorliest; von den Familienfesten, auf denen das schlesische Silber und Porzellan gedeckt und Whity, der schwarze boy, in die weißen Servier-Handschuhe gezwängt wird; von den Versuchen der deutschen Aristokraten, sich mitten im Herzen Afrikas eine Welt wieder aufzubauen, die sie in Schlesien vor vielen Jahrzehnten verloren haben.

Anders ihre Begegnungen mit den Schwarzen: Tabari, der Buschmann, bringt ihr bei, den ersten Löwen zu erlegen und jedes gejagte Tier, das nur unter dem Gebot der eigenen Lebenserhaltung getötet werden darf, um Verzeihung zu bitten, nachdem es erlegt ist; in den Hütten der Stadt Katutura lernt sie, daß die Hoffnung «der Luxus der Armen» ist, und Ananias, der «Terrorist», macht ihr verständlich, warum er – wie viele andere Schwarze – trotz seiner Vorbehalte ein Anhänger der Befreiungsbewegung SWAPO ist.

Sie erlebt in diesen Jahren mit, wie Angola und Mozambique sich von der portugiesischen Kolonialherrschaft befreien und die Unabhängigkeit erlangen; sie ist Zeuge der wachsenden Angst der Weißen und deren kopfloser Flucht, auf der sie «ihr Gold- und Silbergeschirr wie Ludwig XVI.» mitnehmen. Der Ausnahmezustand und der Druck, den die amerikanischen Banken wegen der Apartheid auf Südafrika ausüben, verschlechtert auch die Situation in Namibia: Piet verliert seine Arbeit, er und seine Familie leben als «arme Weiße» inmitten der Möbel, des Porzellans und der Stiche des schlesischen Familienschlosses.

Es ist ein langsamer und schmerzlicher Prozeß politischer Bewußtwerdung, den die Autorin durchmacht, bis sie, die zwischen den Fronten von Schwarz und Weiß steht, 1986 das Land verläßt.

Zum Thema bei rororo aktuell:

Gisela Frese-Weghöft: Ein Leben in der Unsichtbarkeit. Frauen im Jemen. Nr. 5645

Christine von Garnier

«Ich habe einen der letzten Kolonialherren Afrikas geheiratet»

Ein namibisches Tagebuch

Aus dem Französischen
von Angelika Löw-Lecointre

Rowohlt

rororo aktuell – Herausgeber
Ingke Brodersen · Freimut Duve

Deutsche Erstausgabe

Veröffentlicht im Rowohlt Taschenbuch Verlag GmbH,
Reinbek bei Hamburg, August 1987
Die Originalausgabe erschien unter dem Titel
«Namibie. Les derniers colons d'Afrique» 1987 im Verlag L'Harmattan, Paris
Copyright © 1987 by L'Harmattan
Copyright © 1987 by Rowohlt Taschenbuch Verlag GmbH,
Reinbek bei Hamburg
Alle Rechte vorbehalten
Umschlagentwurf Jürgen Kaffer/Peter Wippermann
(Foto: Süddeutscher Verlag Bilderdienst)
Satz Times (Linotron 202)
Gesamtherstellung Clausen & Bosse, Leck
Printed in Germany
1280-ISBN 3 499 15991 0

Inhalt

Namibia 8

Die Ankunft

Der Sprung ins Unbekannte 13

Schlesien im Herzen Afrikas 19

Der Maurer-Baron und der Missionar 27

Weiß und Schwarz 33

Tabari, der Buschmann 45

Der Kolonialherr 53

Ein neuer Anfang 61

Das Erwachen

Moselwein und Mozart 69

Ananias, der «Terrorist» 79

Der Sturm des Nationalismus 86

Die Verzweiflung

Die angolanische Tragödie 95

Warten auf die Katastrophe 104

Der Brief des Konsuls 111

Das Überleben

Stärker als alles andere   119

Die Ewigkeit schmecken   124

Der Aufstieg der Schwarzen   129

Vom Auszug der Weißen   138

Der Dialog   140

Die Zukunft

Eine Wirklichkeit auf Sand gebaut   147

Das Marionettentheater   152

Die «Kollaborateure»   161

Die Toten und die Hoffnung   168

Der «heilige Krieg» gegen die «kommunistische Gefahr»   172

Der Luxus der Armen   180

«Out of Africa»   184

Für den Dialog im südlichen Afrika

Für Piet, meinen Mann
Für Antoinette und Christophe, meine Kinder

Namibia

Namibia, die letzte Kolonie Afrikas, ein Land von beeindruckender Schönheit, ist mit seinen 824 269 km² eineinhalbmal so groß wie Frankreich und zwanzigmal so groß wie die Schweiz. Im Norden herrscht tropisches, im Zentrum und im Süden ein subtropisches Klima. Das Wasser, der Ursprung allen Lebens, ist nach wie vor das Hauptproblem Namibias.

Namibia ist unterbevölkert; 1,2 Millionen Menschen leben dort, die Hälfte von ihnen ist im Norden konzentriert. Es gibt elf verschiedene ethnische Gruppen. Die Weißen machen nur 7,5 Prozent der Gesamtbevölkerung aus. Dreißigtausend verließen in den letzten zehn Jahren das Land.

Die wirtschaftliche Lage Namibias verschlechtert sich zusehends. Wie in allen afrikanischen Ländern ist auch hier der Exportsektor den Schwankungen des Weltmarktes unterworfen: Diamanten, Uran, Kupfer, Fleisch und Felle gehören zu seinen wichtigsten Exportgütern. Die Ausbeutung der Minen machte im Jahre 1970 noch 98,4 Prozent vom Bruttoinlandprodukt aus, 1980 nur noch 44 Prozent und 1983 war der Anteil auf 27,5 Prozent gesunken. Sein reales Pro-Kopf-Einkommen betrug 1975 1012 Dollar, und 1983 nur noch 520 Dollar, ein Rückgang, der auf die politische Unsicherheit, die Abwanderung der Weißen, die Dürre, die weltweite wirtschaftliche Krise und auf die falsche Verwaltung der natürlichen Ressourcen zurückzuführen ist.

Zwischen 1884 und 1915 unterstand Namibia deutscher Kolonialverwaltung. Anschließend hat Südafrika diese Rolle übernommen, das bis heute – unter dem Vorwand der «kommunistischen Gefahr», die die kubanische und sowjetische Präsenz in Angola darstelle – dem Land die Unabhängigkeit verweigert. Einen ähnlichen Standpunkt nehmen auch die Amerikaner ein: keine Wahlen unter internationaler Aufsicht in Namibia, bevor sich nicht die Kubaner aus Angola zurückgezogen haben.

Nicht nur die SWAPO, sondern auch die afrikanisch-asiatische Mehrheit in der UNO hält diese Bedingung für inakzeptabel. Die SWAPO, seit 1966 die Befreiungsbewegung Namibias, erhält ihre Waffen aus den Ländern des Ostblocks und erfreut sich zur Zeit einer relativ starken Unterstützung der namibischen Bevölkerung. Tausende ihrer Anhänger leben im Exil, viele davon werden in den

Lagern Angolas und Sambias von kubanischen, ostdeutschen, palästinensischen und russischen Beratern zu Guerilla-Kämpfern ausgebildet.

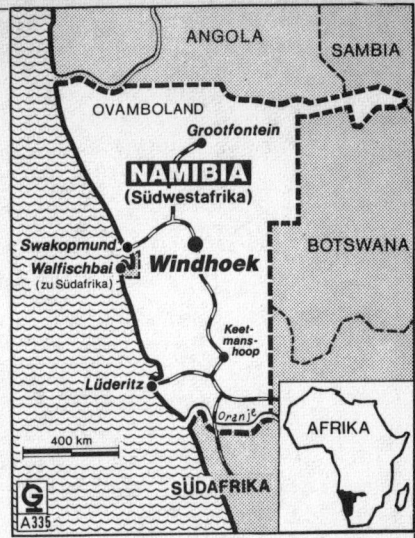

Im Juni 1985 setzte die südafrikanische Regierung eine neue provisorische Regierung «der nationalen Einheit» in Namibia ein, deren Apparat in nahezu allen Schlüsselpositionen von Namibiern burischer Herkunft oder von Südafrikanern besetzt wird, die sich erst in den letzten Jahren in Namibia niedergelassen haben. Im Namen der kommunistischen Gefahr kontrolliert also die südafrikanische Regierung weiterhin dieses Territorium, das seit 1920 internationales Statut hat (Mandatsgebiet des Völkerbundes). Die Bevölkerung befürchtet, ein ähnliches Schicksal zu erleiden wie die Araber in den von Israel besetzten Gebieten und unter ständiger Polizei- und Militärkontrolle leben zu müssen.

Die Namibier durchleben das Abenteuer der Zivilisation in anderen Zeiteinheiten als die übrige Menschheit. Die Buschmänner haben die Steinzeit vor etwa 150 Jahren verlassen. Die Weißen glauben, mit Computern überleben zu können. Der koloniale Befreiungskrieg ist zu einem Bürgerkrieg geworden. Einundsechzig Prozent der Soldaten in der südafrikanisch-namibischen Armee sind Namibier. Noch vor ein paar Jahren waren sie friedliche Menschen in einem verlorenen Paradies. Der Ost-West-Konflikt hat auch sie nicht verschont.

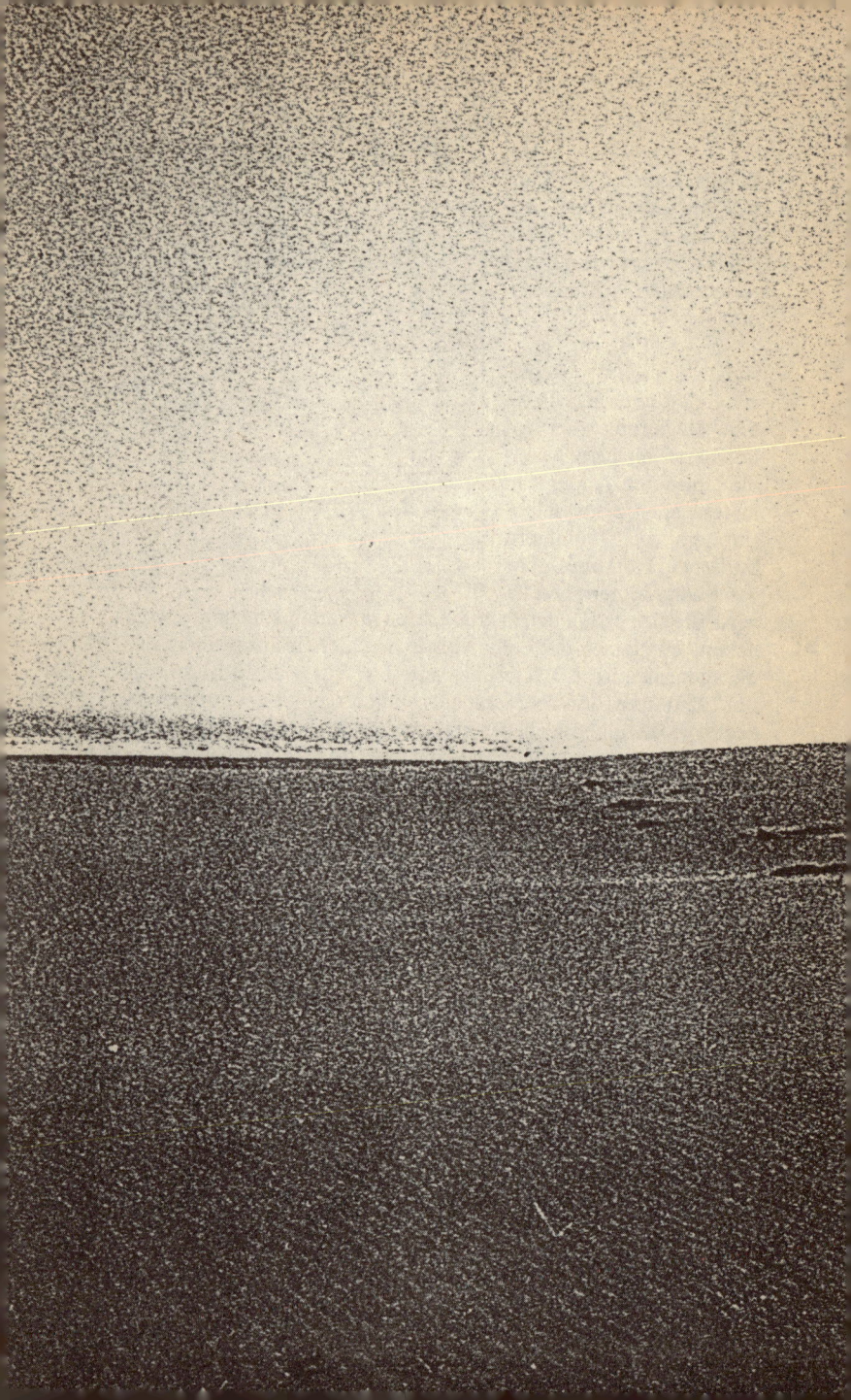

Die Ankunft

Der Sprung ins Unbekannte

Welgelegen, Juli 1967

Lieber Michel,

Deine Tränen neulich am Zürcher Flughafen haben mich erschüttert. Du und ich, wir haben zusammen eine sehr liebevolle Kindheit verbracht, die wohl deswegen besonders innig war, weil wir nicht nur einfach Geschwister, sondern Zwillinge sind und unsere Spiele und ersten Verliebtheiten miteinander geteilt haben. Erinnerst Du Dich noch, wie wir im nahegelegenen Wald Indianer gespielt haben? Hunderte von Raben hausten darin, deren rauhes Krächzen uns bei Einbruch der Dunkelheit vor Schreck erstarren ließ. Beide hatten wir «unseren Baum», wir haben uns drum geschlagen oder dahinter versteckt. Immer war ich gegen Dich. Und dann die Skiwettkämpfe! Du und die andern, Ihr wolltet mich nicht dabeihaben, weil ich ein Mädchen war und Euch trotzdem immer wieder schlug.

Du warst so schweigsam während dieser endlosen Warterei auf dem Flughafen. Sicher wirst Du Dich gefragt haben, welcher Teufel Deine kleine Schwester wohl reite – bestellt Euch alle an den Flughafen und vergießt keine einzige Träne, im Gegenteil, sie scheint noch glücklich über ihre Abreise zu sein. Das muß Dir sehr weh getan haben.

Wie nur soll ich Dir diese Flucht erklären – denn es war wirklich eine Art Flucht. Im Augenblick bin ich dazu noch nicht in der Lage; aber eines Tages werde ich vielleicht alles besser begreifen. Schon seit einigen Monaten spürte ich, wie ein schwer erklärbares Unbehagen in mir hochkam. Ich nahm dieser Gesellschaft übel, in der ich lebe, daß sie mir erst eine – doch sehr anspruchsvolle – Ausbildung ermöglicht und mir dann noch nicht einmal eine Arbeit verschaffen kann. Hinzu kommt, daß ich eine Frau bin, und in der Schweiz ist das nicht gerade eine rosige Aussicht; ich habe noch nicht einmal das

Wahlrecht! Aber das ist nicht das eigentliche Problem. Eher schon, daß ich immer mit Männern konkurrieren mußte, wenn ich Arbeit suchte, denen letztlich immer der Vorzug gegeben wurde. «Wir fürchten, daß Sie doch bald heiraten werden», erklärte mir ein Arbeitgeber, ohne sich etwas Böses dabei zu denken. Als ob Leben zu geben weniger Wert hätte! Wo wäre er denn jetzt, wenn er keine Mutter gehabt hätte? Ja, so ist es, ich bin weggegangen, weil ich mich als Frau verwirklichen möchte: in der Liebe *und* in der Arbeit.

Aber noch eine ganze Menge anderer, weniger klarer Gründe haben mich zum Gehen bewogen. Ich zögere ein wenig und weiß nicht genau, wie ich es sagen soll. Meine Kommilitonen haben mich allmählich mit ihren Entwicklungs- und Revolutionstheorien, mit ihren großartigen Ideen, die Welt neu zu erschaffen, angeödet. Dabei sind sie unfähig, zur Tat zu schreiten, auf die Straße zu gehen und zu sagen: «Wir haben die Nase voll, wir wollen eine neue Gesellschaft, mit anderen Werten als Geld und Profit.» Die Studenten, die ich am meisten bewundert habe, waren jene, die von weit her kamen und in ihrem Land die Revolution vorbereiteten. Und dann diese geistige Trägheit der Schweizer, diese Selbstzufriedenheit über das Erreichte, dieser Mangel an Phantasie und die Resignation bei den meisten Frauen.

Ich habe mich von allen Bindungen frei gemacht, um einen Mann aus der Dritten Welt zu heiraten. Er ist zwar kein Revolutionär, aber ich glaube, daß er mir eher die Möglichkeit zu meiner Entfaltung geben kann als ein Schweizer, den ich doch eines Tages verprellt hätte. Es ist doch bekannt, daß die Schweizer intellektuelle Frauen nicht gerade lieben. Ich habe also den Sprung ins Unbekannte gewagt. Ob es richtig oder falsch war, werde ich wohl nie wissen.

Ich kann Dir versichern, Unbekanntem bin ich hier wirklich ausgesetzt. Ich lebe mit Piet auf einer ganz entlegenen Farm; im Umkreis von 20 km ist das Land um uns herum menschenleer. Wir leben hier auf unserer Farm mit etwa zwanzig schwarzen Angestellten und ihren Familien, allein mit dieser unermeßlichen Einsamkeit um uns, die ich langsam zu zähmen lerne. Anfangs hat mich diese Stille erschreckt, habe ich doch bisher immer nur in der Stadt gelebt. Die Schweiz paßt zwanzigmal in dieses Land, in dem nicht einmal eine Million Menschen leben. Du kannst Dir vorstellen, daß ich nicht mal eben bei der Nachbarin von gegenüber klingeln oder bei unseren

Eltern anrufen kann, wenn ich einen Ehekrach habe. Hier hat das Paar noch eine ganz andere Bedeutung: es ist auf Leben und Tod miteinander verbunden; der eine ist ganz natürlich die Ergänzung des anderen. Ohne Piet könnte ich nicht einmal ein paar Tage überleben, und ohne mich würde er physisch und moralisch schnell zugrunde gehen, denn hier findet man Frauen nicht an jeder Straßenecke! Wir sind also allein, umgeben von 5000 ha Land und 600 Rindern, die ebenfalls eigenartig geräuschlos sind. Bei uns zu Hause habe ich nie eine Kuh ohne ihre schöne Glocke gesehen, deren Klang man schon von weitem vernehmen konnte. Hier geht man nur um einen dieser stachligen Sträucher herum und steht plötzlich Nase an Nase mit den wunderbaren weißen Brahmanen-Kühen, deren Hörner an eine große Leier erinnern. Es geht etwas Zarteres und Sanfteres von ihnen aus als von unseren Kühen, die aussehen, als hätten sie es immer eilig mit der Milchproduktion...

Als ich mich aus dem Fenster der Boeing lehnte, um nach zwölf Stunden Non-Stop-Flug endlich meine Wahlheimat in Augenschein zu nehmen, sah ich zuerst nur Sanddünen, so weit das Auge reicht. Das Flugzeug hatte gerade den Atlantischen Ozean verlassen und überflog die Namib-Wüste von der Skelett-Küste (hübscher Name, nicht?) aus: Die Sonne Afrikas ging, einer großen Feuerkugel gleich, über dieser Landschaft von einer großen ursprünglichen Zartheit auf. Ich habe vor Bewunderung geweint. Dann tauchte die Savanne mit ihrem gelben Gras, ihrer roten Erde und ihrem stachligen Strauchwerk unter uns auf. Ab und zu konnte man inmitten dieser grenzenlosen Weite einen weißen Hof erkennen. Eine beeindruckende Einsamkeit. Ich suchte nach Städten und Dörfern, wie es sie doch in allen Ländern gibt, aber hier herrschte das Nichts. Als ich zum erstenmal den Boden von Namibia betrat, fragte ich mich plötzlich, ob es nicht Wahnsinn gewesen war, mich in dieses Abenteuer einzulassen. Panik ergriff mich. Was wollte ich eigentlich hier? Aber die Erinnerung an den großartigen Anblick meines ersten afrikanischen Sonnenaufgangs ließ mich alles vergessen.

Es war der 4. Juni 1967, der südliche Winter hatte seinen Empfang für mich vorbereitet. Namibia war in göttlichen Glanz getaucht, in dem alles märchenhafte Farben annahm. Das erinnerte mich an das Herbstlicht unserer Wälder im Jura. Der Verwalter einer der beiden Höfe, die Piets Vater gehören, holte uns mit seiner Frau ab. Ich werde den Druck seiner riesigen und festen Hand immer im Gedächtnis behalten; er hätte mir fast die Hand zerquetscht. Seine Frau legte freundlich ihren Arm um meine Schultern.

Alles ist so neu für mich, so schwer zu verstehen, daß ich mich erst einmal in «Wartestellung» befinde. Ich habe das Gefühl, einem jener Tiere zu gleichen, die ihr Haarkleid mit wechselnder Umgebung verändern. Ich versuche, eine Verbindung herzustellen zwischen meinem jetzigen Ich mit seiner europäischen Erziehung, seinem Wertesystem und seinem akademischen Wissen, seinen Illusionen und seinem Idealismus und der neuen Welt um mich herum, die mich überwältigt. Ich fühle, wie ich jeden Tag ein wenig «sterbe», mir verlorengehe und in einem geheimnisvollen Universum untertauche, das mich unwiderstehlich anzieht und dessen unendliche Möglichkeiten ich bestenfalls erahne. Natürlich hilft mir Piets Liebe dabei, eine solche verbindende Brücke zu schlagen. Wir erleben diese ersten Schritte unseres gemeinsamen Lebens sehr intensiv inmitten der Stille, die es erlaubt, uns auf unsere Verliebtheit zu konzentrieren und uns des anderen bewußt zu werden.

Wie ein Hündchen folge ich ihm überall hin. Er ist Landwirt, der auf Rinderzucht spezialisiert ist. Ich beobachte ihn und seine schwarzen Angestellten bei der Arbeit. Der Kontakt zwischen ihnen ist herzlich, ja sogar fröhlich und entspannt, aber er ist der *baas* (der Herr), und niemand zweifelt an seiner Autorität oder denkt gar daran, sie in Frage zu stellen. Es sind patriarchalische Beziehungen. Er macht alles: als Bauer legt er wie seine Männer selbst mit Hand an. Neulich habe ich ihn als Tierarzt erlebt, wie er gerade die Gebärmutter einer Kuh flickte. Gestern mußte er wie ein Richter einen Ziegendiebstahl schlichten. Als Pastor hat er beim Begräbnis seines an Kehlkopfkrebs erstickten alten Hirten einen Abschnitt aus der Bibel vorgelesen, als Hebamme einer Hausangestellten bei der Entbindung von Zwillingen geholfen. Fast täglich werde ich mit wesentlichen Problemen des Seins konfrontiert; mit der Liebe, dem Leben, dem Tod, mit Krankheit, Religion, Recht, mit der animalischen Welt und dem Überleben in einer feindlichen Umgebung.

Piet beobachtet mich, wie er alles beobachtet. Die Beobachtungsgabe ist etwas, was mir völlig fehlt. Ich bin noch derartig intellektualisiert, daß ich nicht einmal die Hälfte von dem wahrnehme, was um mich herum geschieht. «Paß auf, wohin du die Füße setzt; es gibt Schlangen und Skorpione. Blick genau in die Äste, wenn du unter einem Baum hergehst. Es könnten sich Schlangen darin aufhalten. Vergiß nicht, abends immer eine Taschenlampe bei dir zu haben. Die kann dir das Leben retten. Belausche die Stille: Es gibt Geräusche, die dir die Anwesenheit eines Tieres oder Menschen verraten...»

Ja, wirklich, ich werde neu geboren und bin dabei so linkisch. Piet amüsiert sich über meine gelehrten Theorien von der Entwicklung des Gemeinwesens und dem Selbstbestimmungsrecht der Völker, dem Nationalismus und den Befreiungskriegen, der Entkolonialisierung Afrikas. Er lacht. «Werd erst mal du selbst, und dann kannst du anfangen zu diskutieren. Du wirst sehen, daß du deine Meinung innerhalb von einem Jahr änderst. Alle Europäer, die hierherkommen, machen die gleiche Entwicklung durch.»

Ich denke gar nicht daran, meine Ansichten über das Selbstbestimmungsrecht der Völker zu ändern, aber ich gestehe Dir, daß alles viel komplizierter ist, als es von den Universitätsbänken aus oder nach der Lektüre eines Zeitungsartikels scheint. Ich war nicht darauf gefaßt, eine derartig «rückständige» und «koloniale» Situation vorzufinden. Gemeinsam mit Angola, Mozambique und Rhodesien ist Namibia eines der letzten afrikanischen Länder, die eines Tages die Unabhängigkeit erlangen müssen. Aber Piet hat mir erklärt, daß es morgen noch nicht soweit sei und daß diese Länder ohne die Weißen gar nicht funktionieren könnten. Manchmal bin ich von seinen Antworten wie vor den Kopf geschlagen. Bisher glaubte ich, er sei in seiner Entwicklung weiter; er hat doch seine Ausbildung in Europa abgeschlossen. Nun entdecke ich, daß der, den ich liebe, eine koloniale Denkweise hat, von der ich in Deutschland, wo ich ihn kennenlernte, nichts gespürt habe; er dagegen muß plötzlich merken, daß er eine Frau geheiratet hat, die so denkt wie einige jener Schwarzen, die die Polizei kürzlich wegen «Anstiftung zum Umsturz der bestehenden Regierung» inhaftiert hat.

Wir sehen sehr wohl, welche fundamentalen Kultur- und Erziehungsunterschiede uns trennen. Dieser Bewußtwerdungsprozeß verläuft um so schneller, als wir von Einsamkeit und Stille umgeben sind. Niemand kann uns beeinflussen, nichts uns vom Wesentlichen ablenken. Piet ist überzeugt davon, daß ich mich «ändern» werde. Ich habe das Gefühl, daß die Vernunft der Geschichte auf meiner

Seite ist. Aber wir sind beide so verliebt und fasziniert von der unbekannten Persönlichkeit des andern, daß wir sicher sind, diese Schwierigkeiten überwinden zu können.

Ich mache Dir ein Geständnis: Ich habe einen Vertreter der letzten Kolonialherren Afrikas geheiratet, aber behalte das für Dich...

Schlesien im Herzen Afrikas

September 1967

Ich schreibe Dir zu Deinem Geburtstag am 23., der ja auch meiner ist. Zum erstenmal werden wir ihn nicht zusammen feiern. Ich erinnere mich an den vom letzten Jahr. Wir hatten bei den Eltern eine «Réligieuse», meinen Lieblingsnachtisch, eine Blätterteigtorte mit Mandelcreme und Eiweiß, gegessen. Wenn ich daran denke, läuft mir noch heute das Wasser im Munde zusammen. Hier schmecken die Kuchen widerlich.

Da wir nur einmal die Woche in die Stadt fahren, habe ich das Brotbacken und Buttern selber gelernt. Auf dem Holzfeuer bekommt das Brot einen ganz besonderen Geschmack. Whity, der *boy,* hat mir das beigebracht. Was für ein abscheulicher Name, er ist mindestens sechzig Jahre alt. Er ist von einer durch und durch afrikanischen Geduld und Intuition, wenn er das Brot knetet, er ahnt, wann er innehalten muß, um die Hefe wirken zu lassen, wann wieder anfangen, einmal, zweimal, dreimal... und in welchem Augenblick er es wieder herausziehen muß, nämlich dann, wenn es gut riecht. Er spielt den großen Magier für diese Weiße, die nichts Nützliches zustande bringt. Der gleiche Zauber bei der Butter. Er bringt mir eine Menge bei und weiht mich in die Geheimnisse von Küche und Verwaltung ein: wie man sparsam mit Streichhölzern, Petroleum, Wasser, Bindfäden, Seife etc. umgeht.

Während der ersten Wochen habe ich jeden Abend bei Sonnenuntergang auf den alten Hirten Jonas mit der frisch gemolkenen Milch gewartet. Ich wußte, daß er sehr krank war. Piet hatte ihn mehrere Male ins Krankenhaus gefahren, um ihm Linderung bei seinem Kehlkopfkrebs zu verschaffen. Er konnte nicht mehr sprechen, aber er setzte sich manchmal ein paar Minuten auf eine Bank bei der Küche und rauchte in aller Ruhe die zwei Zigaretten, die ihm jemand geschenkt hatte, und aß Whitys Suppe. Ich blieb dann oft noch in seiner Nähe und versuchte, ihm ein paar Worte zu sagen. Aber die fremde

Sprache stand wie eine Mauer zwischen uns und lähmte mich. In seinem Blick lagen ein Stolz und eine Sanftheit, die ich nicht lange aushalten konnte. Seine weißen Haare unterstrichen diesen Ausdruck noch. Er lächelte. Heute frage ich mich, ob nicht er es war, der mit mir Mitleid hatte. Vor einigen Wochen ist er gestorben und in einem Jutesack begraben worden. «Du bist Staub und wirst zu Staub werden...» Als Piet diese Bibelstelle vorlas, während wir uns vor dem flachen Erdloch versammelt hatten, verstand ich sie plötzlich besser. Warum brauchen wir eigentlich so schwere Särge und Grabsteine aus Marmor?

Der Hof, den wir bewohnen, gehört meinem Schwiegervater. Seit unserer Hochzeit macht er mit seiner Frau Urlaub in Europa. Nach ihrer Rückkehr wollen sie sich in ihrem Haus am Atlantischen Ozean in Swakopmund niederlassen. Wenigstens haben sie das versprochen.

Ich verbringe viel Zeit in der beeindruckenden Bibliothek. Eine ganze Welt in deutscher und englischer Sprache tut sich mir dort auf. Alle großen Philosophen, Theologen, Schriftsteller sind hier versammelt: Pascal, Buddha, Sokrates, Teilhard de Chardin, Karl Jaspers, Hemingway, die Britische Enzyklopädie, Hitler («Mein Kampf»), Stanley und ganze Reihen von Geschichtsbüchern, vorwiegend aus Deutschland, Preußen und den baltischen Ländern. Ein solches Bücherwissen mitten im Busch zu finden, ist ungewöhnlich. Goethe, Schiller und Wilhelm Busch nehmen einen ausgewählten Platz ein. Ich habe ein Goethe-Gedicht wiedergefunden, das ich in meiner Gymnasiumszeit besonders liebte, den «Erlkönig»: «Wer reitet so spät durch Nacht und Wind, es ist der Vater mit seinem Kind...» Ich erinnere mich, daß ich von dem musikalischen Rhythmus der Verse und der erschütternden Geschichte dieses Königs mit seinem toten Kind auf den Armen immer wie verzaubert war. Ganz unten in einer Reihe entdeckte ich Gottfried Keller, einen Schweizer. Unglücklicherweise haben die Termiten wohl die schweizerische Qualität geschätzt, denn die Bücher waren zur Hälfte angenagt. Da noch einige Regalreihen frei sind, habe ich Piet gefragt, ob ich meine Bücher aus dem Studium dazustellen kann. Ich finde, daß sie besser in diesen Rahmen hier passen: Lévy-Strauss, Balandier, Sauvy, Gurvich, Werke zur politischen Ökonomie, Mao, Marx und andere Denker unserer Zeit. Aber er hat mir entschieden davon abgeraten, denn «kommunistische Literatur» sei verboten. Ich könnte Unannehmlichkeiten von Leuten bekommen, die uns hier besuchen. Außerdem hält er es für angebracht, wenn ich nicht mit anderen über mein Studium und die Bücher spreche, die mich interessieren.

«Wie konnten denn diese Bücher überhaupt durch den Zoll kommen?»

«Vielleicht hat der Zollbeamte nicht so genau hingeguckt, als er die französischen Titel sah, die er doch nicht verstand. Außerdem lagen sie zwischen der Küchenwäsche und deinen Frottéehandtüchern.»

«Das heißt also, ich bin zum Schweigen verurteilt und darf nicht mehr über die Dinge reden, die mich wirklich interessieren?»

«Mit mir kannst du darüber reden, aber sieh dich vor bei den andern. Hör lieber erst, was sie sagen. Du riskierst sonst, daß du sie für immer vergraulst.»

Da siehst Du, welch Geist hier herrscht. Anfangs wird es mir nicht so schwerfallen, den Mund zu halten, denn ich spreche nur schlecht Englisch und Deutsch und kein Wort Afrikaans. Aber was wird danach? Das beunruhigt mich.

Ich liebe diese friedlichen Abende. Gleich nach Sonnenuntergang zündet Whity alle Petroleumlampen im Haus an. Ach, wie erholsam es doch ist, keine Elektrizität zu haben! Die Dunkelheit lädt richtig zur Meditation ein. Und für zwei Verliebte ist das besonders romantisch. Ich habe es mir angewöhnt, immer eine Taschenlampe bei mir zu haben, und wenn ich im Dunkeln zur Toilette gehe, vergewissere ich mich, ob nicht irgendwo eine Schlange lauert. Wenn die Hunde bellen, selbst mitten in der Nacht, geht Piet immer nach draußen, um nachzusehen, was los ist. Wenn er nicht sofort zurückkommt, kriege ich große Angst. Vor meiner Abreise habe ich den Film «Africa, addio» gesehen: Du, mit Deinem üblichen schwarzen Humor (soll kein Wortspiel sein) hattest ihn mir übrigens empfohlen, doch welch ein Fehler! Die Bilder von den zerstückelten und abgehackten Händen und den Leichen der Nonnen im Kongo werde ich immer noch nicht los. Und wenn die Befreier Namibias nun da draußen, ganz in der Nähe, warten würden? Piet bricht in Lachen aus, wenn ich ihm meine Ängste gestehe. «Auf deine Befreier kannst du noch lange warten!» Ich glaube ihm nur halb.

Er nimmt sich die Zeit, mir an diesen Abenden geduldig die Herkunft seiner Familie zu erklären. Dabei zeigt er mir alte Fotoalben, das Schloß in Schlesien, aus dem sein Großvater 1944 einige Stunden vor Ankunft der Russen geflohen ist. Noch am Morgen hatte er seinen Angestellten befohlen, Holz für das Kaminfeuer am Abend zu suchen. Auch er hatte nicht an die Revolutionäre geglaubt. Ich wagte nicht, dies Piet gegenüber zu erwähnen. Dieses Schloß, das sein Vater eigentlich hätte erben sollen, ist jetzt ein Waisenhaus für Polenkinder. Ich finde, daß das eine gute Lösung ist, aber Piet warf mir nur einen mitleidigen Blick zu. Er hat ja recht, ich habe noch nicht das ganze Ausmaß des Leidens begriffen, das im Verlust des gesamten Eigentums und im erzwungenen Exil liegt. In der Schweiz sind uns die Schrecken der beiden letzten Kriege erspart geblieben, so daß man sie sich nur schwer vorstellen kann.

Beim Durchblättern bin ich auf das Foto eines Offiziers mit der Mütze der SS und dem schrecklichen Totenkopfemblem gestoßen. Es war sein Onkel, gefallen in der Schlacht bei Stalingrad. Ich war entrüstet:

«Mitglieder deiner Familie waren in der SS?»

«Auch die Adligen wurden gezwungen, mit Hitler zu marschieren. Mein Vater konnte dem entgehen, weil er hier war, aber er war sechs Jahre lang Gefangener in einem südafrikanischen Lager. Verhaftet wurde er, weil er einen deutschen Paß hatte. Er hat es abgelehnt, eine andere Staatsangehörigkeit anzunehmen. Er konnte nicht wissen, was in Deutschland damals los war. Fünftausend namibische Deutsche wurden auf diese Weise 1939 verhaftet. Ich war drei Jahre alt und habe ihn erst mit neun wiedergesehen. Als er dann heimkehrte, habe ich ihn nicht wiedererkannt und bin in die Arme eines anderen gerannt...»

«Und deine Mutter?»

«Meine Mutter hat uns großgezogen, sie ist Apothekerin. Sie war *hausinterniert,* das heißt, sie traute sich nur von ihrer Wohnung bis zu ihrem Arbeitsplatz. Ständig war sie unter Polizeikontrolle. Fast alle der etwa tausend deutschen Höfe wurden in den Kriegsjahren, also zwischen 1939 und 1945, von Frauen geführt. Sie kamen besser als ihre Männer zurecht. Die Südafrikaner glaubten, daß sie ihre Höfe für ein Butterbrot verkaufen würden. Aber nicht eine hat nachgegeben. Da waren sie ganz schön enttäuscht.»

Man erfährt immer wieder Neues über den letzten Krieg, findest Du nicht? Hier sind die Rollen vertauscht. 1939 waren einige tausend Deutsche ohne Uniform in Südafrika, Tanganjika (heute Tansania) und in Rhodesien interniert. Das Lager meines Schwiegervaters hieß «Andalusien». Piet hat mir die «Zeitung» dieser gefangenen Deutschen gezeigt. Erfindungsreich wie sie sind, haben sie Drucktypen aus Hühnerknochen geschnitzt und damit die Nachrichten gedruckt, die sie heimlich auf ihren selbstgebastelten Radios abgehört haben. Kein Vergleich mit den Haftbedingungen in Dachau... Unter ihnen befanden sich auch ultranationalistische Afrikaander (Weiße, burischer Abstammung, die in Südafrika leben, Anm. d. Ü.), unter anderem der ehemalige Premierminister Vorster. Von Kriegsbeginn an hatten sie auf den totalen Sieg Deutschlands gesetzt und hofften, daß es sich Südwest-Afrika (der ehemalige Name dieses Landes) wiedernehmen würde. Sie glaubten, so auf seine zuverlässige Unterstützung bei ihrer Politik in Südafrika zählen zu können. Aber sie haben sich geirrt. Kein Land Europas hat die Politik der südafrikanischen Nationalisten unterstützt.

Ich wollte mehr über Piets Familie wissen, denn gewisse Fotos hatten mich neugierig gemacht. Es gab da sogar eine angenehme Überraschung. Sicher hast Du das Buch von Collins Lapierre «Paris brûle-t-il?» (Brennt Paris?) gelesen. Der Deutsche General von Choltitz, der Hitlers Befehl, Paris und alle schon verminten Gebäude sprengen zu lassen, nicht befolgt hat, ist ein Vetter ersten Grades von Piets Vater. Ich verspürte eine Anwandlung von Dankbarkeit für diesen großen, unbekannten Onkel.

Eines Abends zeigte mir Piet die Adelsbücher der Familie Dompierre, seiner Vorfahren aus Savoyen. Die Dompierre, die keine Hugenotten waren, waren sehr reich und hatten Geld an den Herzog von Österreich verliehen. Sie hatten auch im Feld für ihn gekämpft. Zur Belohnung erhielten sie Ländereien in Schlesien. Später wurden sie vom preußischen König in den Adelsstand erhoben. Zusammen haben wir noch einmal die Adelsurkunde in gotischer Schrift gelesen: «Wir, Friedrich Wilhelm, König von Preußen von Gottes Gnaden (es folgt eine ganze Seite mit der Auflistung seiner Besitzungen, u. a. die Grafschaft von Neuchâtel und Valengin, meinem Geburtsort), übertragen den Titel des Grafen von Ratawu auf den Major François Séraphin André Charles Valentin Florian von Dompierre.»

Piets Vorfahren waren im Anschluß an einen Streit mit der katholischen Kirche Lutheraner geworden. Der Priester hatte, ein wenig unvorsichtig, seinen Urgroßvater noch auf dem Sterbebett ausquetschen wollen, was die Kirche nach seinem Ableben erben würde. «Was, Sie zweifeln an dem Wort eines Ehrenmannes?» hatte ihm der Sterbende geantwortet. Und auf der Stelle ließ er sich im Beisein seiner ums Bett versammelten Kinder im reformierten Glauben taufen. Und lebte danach noch drei Jahre... Piet, als einziger Sohn, wird eines Tages den Titel erben, aber da er nicht auf seinen Ländereien lebt, hat er nicht das Recht, ihn zu tragen. Das ist ihm übrigens egal und mir auch.

Im Laufe all dieser Abende habe ich beim Herumkramen in den Familienarchiven allmählich verstanden, daß ich unter Exilierten lebe, die im Herzen Afrikas ihre in Ostdeutschland eingestürzte Welt wiederaufgebaut haben: Es sind derselbe Wohnstil, dieselben Beziehungen zwischen Herren und Angestellten, dieselbe Verbundenheit mit dem Landbesitz, dieselbe Überzeugung, daß dies alles ihr gutes Recht ist. Beim Anblick Piets und des schlesischen Schlosses – ein sehr schönes Gemälde über dem Bücherschrank – sagte ich mir, daß zwischen Menschen und Situationen etwas eigenartig Identisches besteht. Wie kommt es nur, daß ihre Erfahrung in diesem Lande sie nicht zum Nachdenken gebracht hat? Warum haben sie hier eine Gesellschaft wiedererrichtet, die schon in ihrer Heimat zum Scheitern verurteilt war?

Ich sehe vor mir, wie Du beim Lesen dieser Zeilen den Kopf schüttelst. Du wirst Dich fragen, in welcher Galeere Deine kleine Schwester sich eingeschifft hat... Ich auch!

Die Flitterwochen dauern an. All diese Vorfahren lasten nicht übermäßig auf uns. Piet hat ein fröhliches Temperament. Er besitzt viel Humor. Offensichtlich nehme ich die Dinge ernster. Er bringt mir Herero bei, damit ich die Schwarzen hier bei uns ein wenig besser verstehe. Sie bedienen uns mit so viel Freundlichkeit. An manchen Nachmittagen wage ich mich bis zu ihren Hütten hinaus. Einige ihrer Behausungen bestehen aus getrocknetem Lehm, haben Wellblechdächer und sind von Pfahlzäunen umgeben. Dort treffe ich meistens die Frauen beim Feuer hockend. Es darf nie erlöschen, denn es ist den Hereros heilig. Wasser und Feuer – zwei heilige Elemente in diesem Land, wie in der griechischen Philosophie. Ich beginne zu verstehen, warum. Die Frauen sind von einer Schar nackter und lachender Kinder, Ziegen und Hunden umgeben. Ab und zu schwingen sie eine vom Dach herabhängende Kalebasse von rechts nach links, um Butter zu machen. Man hat mit der Zentrifuge also nichts Neues erfunden...

Unter Frauen kommt schnell Sympathie auf. Ich interessiere mich für die Kinder, die Dinge in der Hütte, die Werkzeuge. Sie antworten mir alle auf einmal und geben lange Erklärungen ab, die ich kaum verstehe. «Warum gehen die Kinder nicht in die Schule?» Schweigen. Es ist mir nicht gelungen, eine Antwort zu bekommen.

Piet mag meine «Seitensprünge» zu den Schwarzen nicht.

«Ich habe die Kinder schon mehrmals zur Schule gebracht. Sie hätten im Internat wohnen bleiben können, wie fast alle Kinder in diesem riesigen Land. Aber sie sind zweimal ausgerissen. Nun will der Direktor sie nicht mehr.»

«Man müßte kleine Schulen für die Kinder von ein paar Höfen bauen. Dann könnten sie abends nach Hause gehen.»

Piet war ein wenig gereizt: «Sehr schön, aber woher bekommst du die nötigen Mittel und die Lehrer? Glaub mir, in den städtischen Zentren ist alles bestens organisiert. Sogar die Weißen schicken ihre Kinder im Alter von sechs Jahren ins Internat.»

Diese letzte Bemerkung hat mir lange zu denken gegeben. Wenn wir also eines Tages Kinder haben, muß ich mich auch so früh von ihnen trennen? Ich beschloß, sie so lange wie möglich selbst zu unterrichten. Da aber die Unterrichtsprogramme rassenspezifisch sind, können dann noch nicht einmal die schwarzen Kinder davon profitieren. Die Augen werden mir allmählich geöffnet. Ich unternehme weiterhin meine kleinen Erkundungsgänge und Besuche. Auch mit den Männern spreche ich in den paar Brocken Herero und Afrikaans, die ich inzwischen kann. Ich versuche herauszufinden, was sie über ihr Leben denken. Aber sie lachen und machen Ausflüchte. Piet ist verärgert:

«Du könntest deine Besuche etwas einschränken.»

«Warum?»

«So etwas tut man hier einfach nicht. Sie werden dich verachten, wenn du dich zu sehr für sie interessierst. Stell dich mit ihnen nicht auf eine Ebene. Du bist meine Frau, und ich bin der Herr.»

Da hast Du's, so weit ist es mit uns gekommen! Das ist also das koloniale Verhältnis. Der Herr muß zwar in jeder Beziehung gerecht sein, darf sich aber nie herablassen. Das ist seine Art, seine Würde zu retten. Meine wird es nicht sein.

Eines Abends, als ich vom Bad ins Schlafzimmer kam, stieß Piet einen Schrei aus. Ein Schwarzer kam hinter mir her: völlig nackt, mit aufgerissenen Augen und eregiertem Geschlecht. Ich hatte nichts bemerkt. Er hatte Dagga, das hiesige Haschisch, geraucht. Piet überwältigte ihn schnell und legte ihm Handschellen an. Dann band er ihn auf dem Lastwagen draußen fest und wartete, bis die Polizei eine Stunde später kam. Der Schwarze wurde mit einem Sjambok (Stock) geschlagen und in den «Salatkorb» geworfen. Am nächsten Tag wurde er wegen sittenwidriger Handlungen und Drogenmißbrauch zu einem Jahr Gefängnis verurteilt. Diese Geschichte hat mich durcheinandergebracht, wie Du Dir wohl vorstellen kannst, denn ich habe deutlich gespürt, daß ich mitverantwortlich dafür war. Ich mußte nicht nur Piet recht geben und meine Besuche einschränken, worum er mich gebeten hatte, ich begriff auch, wie allmächtig die Polizei in diesem Land ist.

Das Jahr meiner Ankunft fiel mit der Verhaftung des Gründers der SWAPO – der Befreiungsbewegung Namibias – Herman Toivo ja Toivo wegen «Verschwörung gegen die Staatssicherheit» zusammen. Er wurde zu zwanzig Jahren Haft auf der Kapstadt vorgelagerten Insel Robben Island verurteilt. Das habe ich durch die *Monde hebdomadaire* (Wochenausgabe der *Le Monde*, Anm. d. Ü.) erfahren. Hier liest man nichts darüber; ich habe den Eindruck, daß man die Menschen absichtlich in Unkenntnis läßt über den ansteigenden schwarzen Nationalismus. Leute werden festgenommen, verhaftet, aber alles wird kaschiert und heruntergespielt. Die Regierung betrügt das Volk.

Der Maurer-Baron und der Missionar

Oktober 1967

Oft verbringe ich Stunden auf der Veranda, lese, schreibe. Da der Hof auf einem Hügel liegt, reicht der Blick bis zum Horizont. Mehr noch – schon Kilometer weit vorher sieht man Staubwolken auf dem Weg, die die Ankunft eines Fahrzeugs verraten. An jenem Tag beobachtete ich geduldig die näherkommende Wolke und fragte mich, wer uns da wohl besuchen kam. Schließlich traf ein alter, wackliger Lastwagen im Hof ein; die Hunde bellten wie gewöhnlich und hörten erst dann wieder auf, als sie merkten, daß es ein Weißer war. Der Baron von Heyn, mit Tropenhelm, Shorts und Sandalen, sprang herunter und drückte mir mit fröhlichem Gruß die Hand.

«Guten Tag, ich komme, um das Becken zu bauen.»

Ich war verblüfft, diesem Maurer-Aristokraten mit gebräunter Haut und schlichten Umgangsformen gegenüberzustehen. «Wer ist das?» fragte ich Piet.

«Ein Aristokrat, der in seinem Leben Pech hatte. Er ist Verwalter eines Hofs im Westen und baut Bassins, um das Überleben während der schwierigen Perioden sicherzustellen.»

Morgens aß er so wenig wie ein Vogel und ohne viel Umstände, er verzichtete auch auf die ständigen Verbeugungen, die die Deutschen so schätzen, und strich sich anstatt eines Mittagessens ein oder zwei Schnitten Brot. Erst abends sah ich ihn dann wieder, denn er arbeitete ziemlich weit entfernt von unserm Haus. Seine Siesta machte er mit den Schwarzen unter einem Baum. Welch anregende Abende haben wir doch miteinander verbracht! Er hat uns sein Leben in allen Einzelheiten erzählt! Ich unterbrach ihn oft, um mich zu vergewissern, daß ich ihn richtig verstanden hatte, denn es kam mir so vor, als träumte ich seine Worte. Piet war nicht sehr überrascht, er kennt diese Pioniersgeschichten.

Mit neunzehn ist er im Jahre 1925 im Hafen von Walfisch-Bay an Land gegangen. Er trug nur ein Bündel auf dem Rücken (genauer gesagt, zwei Hemden, eine lange Hose) und hatte nur ein paar Münzen in der Tasche.

Sein Vater war während des Ersten Weltkriegs umgekommen. Schon sehr früh hatte er gelernt, was hungern heißt. Seine Mutter zog mit Mühe die drei Jungen groß. Sie hatte das gesamte Vermögen ihres Mannes verschwendet. Er hat dann anfangs für den Verwalter des Millionärs Strauch gearbeitet, der Ende des letzten Jahrhunderts den ersten Diamanten in Lüderitz entdeckt hat und damals 100 000 ha Land besaß. Aber der Verwalter empfand nur Verachtung für diesen Jungen, der nichts als eine Kadettenschule in Berlin besucht hatte. Er selber besaß das Diplom einer bekannten deutschen Kolonialakademie. Unser Besucher mußte die Schwarzen beim Straßenbau in diesem riesigen Gebiet beaufsichtigen. Mit ihnen teilte er sein Leben, er schlief – wie sie – unter freiem Himmel. Nach zwei Jahren entschloß er sich, sein Glück als Bergmann in den Zinnminen von Brandberg zu versuchen. Dort führte er ein seßhaftes Leben, konnte sich ein «Haus» aus Wellblech bauen und brachte sich selbst das Handwerk des Brunnenbauers und Feuerwerkers bei. Er rettete drei Weißen das Leben, die sich in der angrenzenden Wüste verirrt hatten und bereits halluzinierten, als er sie fand. Als die Auswirkungen der großen Depression der dreißiger Jahre auch hier zu spüren waren, schloß der Besitzer die Mine. Als er sein in zwei Jahren gespartes Gehalt, das er im Büro deponiert hatte, holen wollte, teilte ihm der Boss mit, daß er es investiert und verloren habe. «Ich habe ihn halb tot geschlagen», sagte er, immer noch wütend...

In den folgenden Jahren trafen ihn noch viele Schicksalsschläge. Niemand besaß damals Geld, überall beschäftigte man ihn gegen Essen und Logis, ohne ihm ein Gehalt zu zahlen. «Ich hatte so wenig Geld, daß ich nur selten an meine Mutter schreiben konnte. Ich ließ sie immer wissen, daß es mir gutging und ich eine vernünftige Arbeit hatte. So sind wir Aristokraten eben erzogen: nur keine Klagen, und außerdem war ich zu stolz, um die Wahrheit zu sagen.» Nach und nach war er Schlosser, Maurer, Kellner, Stallbursche, Aufseher. Einmal entließ ihn eine Gutsbesitzerin, weil er zuviel Brot gegessen hatte. Er war so hungrig! Erst nach zehnjähriger Odyssee konnte er sich schließlich als Verwalter auf einem Hof niederlassen, wo er dann achtzehn Jahre lang blieb. Mit achtunddreißig bat er seinen

Arbeitgeber um die Erlaubnis zu heiraten. In Swakopmund hatte er eine bezaubernde Lehrerin kennengelernt. Er erhielt die Genehmigung nur unter der Bedingung, daß er selber sein zukünftiges Heim baue. «Das hab ich mit sehr viel Liebe getan», sagte er, immer noch bewegt, «ich wußte nicht, ob ich es ohne Architekt schaffen würde.» Ich dachte an Piet. Es stimmt, auch er hatte ohne die Hilfe eines Spezialisten unser jetziges Haus gebaut.

Nach dem Zweiten Weltkrieg übernahm der Sohn des Besitzers den Hof, und der Baron mußte sich wieder mal eine andere Arbeit suchen. Aber er hatte Geld gespart und konnte einen Hof pachten; dort wohnt er noch heute mit seiner Frau. Neben seinem Maurerberuf arbeitet er gelegentlich als Barmann im einzigen Hotel des nächstliegenden Marktfleckens. Ihr Leben auf dem Hof wurde immer wieder von schrecklichen Dürreperioden unterbrochen. Mehrmals war er gezwungen, mit seiner Frau und seinen Kindern ein Nomadenleben zu führen und bei Bauern im Norden grüne Weideflächen zu pachten. Dann lebten sie in Lehmhütten. Du würdest es nicht glauben, er ist sechsundsechzig und dabei jugendlich und bei guter Gesundheit. Nie hat er eine Tablette geschluckt, es sei denn bei einem heftigen Malariaanfall.

Vielen Männern hier ist es ähnlich wie ihm ergangen. Einige sind Millionäre geworden, denn das Glück war ihnen hold (ein Diamant, eine reiche Frau, gute Beziehungen), andere wiederum haben sich umgebracht oder sonstwie ein beklagenswertes Ende gefunden. Das sind harte Männer, «ungeschliffene Diamanten», wie Piet es ausdrückt, mit denen Du nicht herumphilosophieren kannst; noch weniger kannst Du ihnen mit Theorien aus Europa über die afrikanische Entwicklung kommen. Sie haben nicht viele Bücher gelesen. Ihr Buch ist das Leben selbst, ihr Gesetz das der Vergeltung, aber ihre Leidenschaft ist das menschliche Abenteuer. Den Schwarzen gegenüber zeigen sie großen Gerechtigkeitssinn, denn sie kennen deren Lebensbedingungen. Ich war sehr traurig, als er uns wieder verließ. Er hat eine große Leere hinterlassen.

Um die Zeit zu überlisten, habe ich mich an die Lektüre von Werken deutscher Missionare gemacht, die auch immer etwas von Ethnologen an sich hatten. Mitte des letzten Jahrhunderts sind sie hierhergekommen, Katholiken und Lutheraner. Auf die Schwarzen muß diese

Zweiteilung der Christen komisch gewirkt haben, ein zusätzliches Problem, mit dem man sie belastet hat. Wie alle Missionare haben sie im Norden des Landes (der niemals von den Deutschen kolonisiert wurde) und im Zentrum gewirkt «für das Seelenheil» und oft genug um den Preis ihres Lebens. Ich erinnere mich, wie Du Dich immer über diese langbärtigen, weißgekleideten Männer lustig gemacht hast, die bei uns für ihre kleinen Schwarzen in Afrika sammelten! Heutzutage macht man ihnen den Prozeß und kritisiert sie. Es ist schon wahr: Sie haben anderen, von ihnen verachteten Wesen eine Religion aufgezwungen, weil sie glaubten, im Besitz «der Wahrheit» zu sein. Hat Christus nicht gesagt: «Gehet hin und lehret alle Völker»? Niemand in Afrika hat sie hergebeten. Aber was machen denn unsere europäischen technischen Berater heute in der Dritten Welt? Sie importieren zwar nicht mehr die Religion, dafür aber Techniken und Wertsysteme, die auch nicht besser zur afrikanischen Realität passen. Die europäische Entwicklung, die wir hierherbringen, ist eine tiefgreifende Verletzung des Afrikaners, den wir dabei gar nicht erst um seine Meinung fragen. Ein solches Vorgehen ist auch nicht besser als der Kolonialismus, den ich hier ständig vor Augen habe. Klar, auch wir in Europa sind kolonisiert worden, aber ich frage mich, ob die Römer das gleiche gewaltsame Vorgehen an den Tag gelegt haben.

Ich habe Piet gebeten, mich mit einem der Missionare hier bekannt zu machen; er kennt doch so viele Leute hier. Ich habe also vor ein paar Tagen einen von ihnen in seiner bescheidenen Klosterklause besucht. Er hatte mit seinen achtundachtzig Jahren einen erfüllten und heiter-gelassenen Gesichtsausdruck und war im Besitz all seiner geistigen Fähigkeiten. Ich liebe und respektiere diese alten Menschen. Es gehört schon eine Kunst dazu, alle Wechselfälle des Lebens zu durchleben und zu überleben. Es ist, als habe er schon an die Ewigkeit gerührt.

Ich kann Dir jetzt nicht alles wiedergeben, was er mir erzählt hat, denn ein Menschenleben läßt sich nicht auf wenige Zeilen zusammendrängen. Was mich jedoch wieder einmal beeindruckt hat, wie schon im Falle des barfüßigen Barons, waren sein Mut und seine Abenteuerlust. Um zu Beginn des Jahrhunderts in die nördlichen Regionen zu gelangen, mußten diese Missionare eine fast zweimonatige Reise in einem von 40 Rindern gezogenen Wagen auf sich nehmen. Sie brachen im allgemeinen von Windhoek auf; und um Windhoek selbst zu erreichen, mußten sie die Namib-Wüste durchqueren, denn sie waren in Walfisch-Bay, dem einzigen Hafen des Landes, vor Anker gegangen. Sieh Dir mal die Karte an, und Du wirst die riesigen Entfernungen erkennen: 400 km bis Windhoek, danach 1000 km bis Kavango an der angolanischen Grenze. Als sie dort schließlich ankamen, lebten sie in völliger Autarkie und führten vielleicht sogar das Leben von großen Herren. Einmal im Jahr kehrten sie nach Windhoek zurück, um gerade das Allernötigste zu kaufen: Medikamente, Zucker, Petroleum und um die Post abzuholen. Sie waren allen schweren Krankheiten ausgesetzt, die wir inzwischen erfolgreich bekämpft haben, und hatten dabei nicht einmal Heilmittel und Ärzte: Malaria, Tuberkulose, Lepra, Cholera, Pest, die Schlafkrankheit, Bilarziose... und sie konnten sich vor ihrer Ausreise keine Spritze mit Gammaglobulin geben lassen, wie die Journalisten und Entwicklungstechniker, die in Afrika herumreisen! Und außerdem kamen sie in Berührung mit Zaubereien, rituellen Morden, Verhexungen und mit einer sozialen Organisation, die sich auf Matriarchat und Polygamie gründete, also der von der Bibel geforderten diametral entgegengesetzt war. Namibia wäre ohne sie, ohne die lutherischen Missionare, ein geistig rückständiges und geschundenes Land geblieben, denn die Südafrikaner haben vierzig Jahre lang in erster Linie nur die materielle Entwicklung gefördert und ihre rassistischen Gesetze eingeführt. Schließlich habe ich gewagt, ihn zu fragen, ob er nicht den Eindruck habe, einige Fehler gemacht zu haben. Er brach in Lachen aus:

«Aber meine kleine Dame, leben heißt, sich einzusetzen. Und wenn man sich einsetzt, begeht man ganz notgedrungen Fehler; es ist die Aufgabe der kommenden Generation, sie zu korrigieren.»

Es ist wahrlich nicht leicht, der «importierten» Religion den Prozeß zu machen, wie Ihr es von Europa aus tut. Sie hat Gutes wie auch Schlechtes bewirkt. Ich habe noch oft an diese beiden Abenteurer zurückgedacht. Sie verhelfen mir dazu, dieses Land besser zu verstehen. Ich maße mir nicht das Recht an, sie zu beurteilen. Machen es die Entwicklungstechniker heute besser? Nur die Afrikaner selber können darauf antworten. Aber weißt Du, diese Sorte Männer fasziniert mich. Ich bewundere sie. Haben wir in Europa sie verloren? Natürlich sind da die Hippies, die in alle Himmelsrichtungen ausschwärmen, aber sie engagieren sich nicht, und oft tragen sie ihr Scheckheft bei sich in der Tasche. Ganz sicher hat unsere Form von Gesellschaftsordnung mit all ihren Rückversicherungen den Geschmack am Abenteuer erstickt.

Weiß und Schwarz

Januar 1968

Stell Dir vor, die Deutschen in Otjiwarongo und in anderen kleinen Städten von Namibia feiern Karneval wie in München. Die südafrikanische Verwaltung sieht darin einen «katholischen und heidnischen» Brauch und kritisiert sie, aber einige Südafrikaner nehmen trotz des offiziellen Verbots der südafrikanischen calvinistischen Kirche heimlich daran teil. Unglücklicherweise fehlt mir der Sinn für den Karneval. In der französischen Schweiz ist er ja nur wenig bekannt. Ich gebe zu, daß in dieser Art und Weise, die bestehende Ordnung der Dinge umzustürzen, etwas Anziehendes und Unwiderstehliches steckt, besonders in unseren wohlorganisierten grauen westlichen Gesellschaften. Aber im Herzen Afrikas! Das hat etwas gleichzeitig Absurdes und Erstaunliches an sich. Als ich sah, wie diese verkleideten und maskierten Deutschen ihre enormen Biermengen tranken und auf ihre derbe Art die bestehende Ordnung kritisierten, was unter «normalen» Umständen ganz undenkbar wäre, kam mir der Gedanke, daß dieser Brauch dem der schwarzen Namibier im Norden des Landes nicht sehr fern ist. Dort feiern sie bestimmte rituelle Feste, die mehrere Tage andauern und bei denen sie eine Art Bier trinken, das sie selber herstellen; sie tanzen bis zur Erschöpfung, um «die Geister wiederzufinden». Damit ist «die andere Welt», das Paradies, gemeint, an das wir im Grunde alle mit Sehnsucht denken. Die menschliche Natur ist universell. Ich teilte meine Überlegungen meinem Karnevalsbegleiter, einem preußischen Baron, mit. Doch er war über meinen Vergleich schockiert. Bei ihnen ist das ein «zivilisiertes» Fest, die Schwarzen aber sind Wilde... Er schleppte mich zum Tanzen ab und sang dabei «Malbrough zieht in den Krieg»; das hatte er bei seinem französischen Fräulein damals in seinem Schloß gelernt.

Weißt Du, diese Leute haben immer recht, die Ausländer immer unrecht. Was ich ihnen erzähle, amüsiert sie, also sag ich lieber nichts. Ihrem Wesen nach sind sie hochmütig. Ich beobachte alles, das ist eine Gabe, die ich dank Piets Einflusses allmählich erwerbe.

Diese Karnevalsgeschichte erinnert mich an das Weihnachtsfest, das gerade hinter uns liegt. Mein erstes Weihnachtsfest im Busch! Der ganze Dezembermonat war schon ein Fest, weil es viel geregnet hat. Ach ja, ich habe gar nicht daran gedacht, Dir vom Regen zu schreiben. Das ist hier ein sehr wichtiges Ereignis. Mich haben die sechs Monate ewig blauer Himmel nicht gestört. Aber Du hättest einmal die Freude der Leute beim ersten Regen sehen sollen! Alle sind hinausgestürzt und ließen sich vor Begeisterung naßregnen. Mir fiel es schwer, ihren Enthusiasmus zu teilen. In allen Kirchen wurde gebetet, denn die Dürre hatte den Viehbestand bedroht. «Du wirst noch lernen, das Wasser, unsere Lebensgrundlage, zu würdigen und Geschmack an seiner Würze zu finden und wenn es knapp wird, sparsam mit ihm umzugehen», sagte Piet. Dieser verfrühte Regen war wie ein Wunder: an mehreren Stellen des Gutes hatten sich Orchideen entfaltet. Sofort habe ich die Kinder auf Orchideenjagd geschickt und ihnen einen Rand pro Strauß versprochen. Das hättest Du sehen sollen! Triumphierend brachten sie Riesensträuße, die einen feurigen Kontrast zu ihrer dunklen Haut bildeten. Am Weihnachtsvorabend standen in allen Zimmern Sträuße, und ich hatte zehn Rand und zwei Kilo Bonbons verteilt. Piet hatte den Stamm unseres «Weihnachtsbaums» über und über geschmückt. An seinen langen weißen Nadeln konnte man ohne weiteres Kugeln aufhängen. Er sah einfach wunderbar aus! Whity beobachtete uns, wie wir uns schweigend mit soviel Liebe um einen Baum zu schaffen machten, ihn schmückten und eine Krippe darunterstellten. Ich erzählte ihm, daß wir auch Weihnachtslieder vor dem Baum singen würden. Da schüttelte er den Kopf und brummelte einige unverständliche Worte vor sich hin.

Er gehört zur ethnischen Gruppe der Barotse in Sambia und war an das englische Weihnachtsfest ohne Weihnachtsbaum gewöhnt. Schließlich trat er zu mir und fragte mich voller Ernst: «Warum freust du dich so an einem Baum? Und es sieht so aus, als hättest du Liebe und Achtung vor ihm. In diesem Land beten auch die Herero einen Baum an. Sie nennen ihn Omumborombonga. Sie glauben, daß er von Gott kommt.» Ich war perplex über den Scharfsinn seiner Beobachtungen... Da war also auch ich von «heidnischen» Bräuchen geprägt wie jene, die Karneval feiern oder bis zur vollständigen Erschöpfung tanzen, um die «andere Welt» wiederzufinden; von Bräuchen also, die aus dem Urgrund der Zeitalter aufsteigen und das kollektive Bewußtsein der Völker prägen. Die Relativität meiner eigenen Kultur kam mir plötzlich zu Bewußtsein, und mir wurde ganz schwindelig. Whity war wohl ein wenig enttäuscht, denn er hatte geglaubt, daß die Weißen etwas Besseres seien als die Schwarzen.

Einige Stunden später begann das Fest. Piet hatte vor dem Wohnhaus die Angestellten und ihre sonntäglich gekleideten Familien um sich versammelt. Er selber stand auf der Freitreppe und trug trotz der erstickenden Hitze einen dunklen Anzug und Krawatte. Zuerst las er auf deutsch aus der Bibel den Abschnitt über Josephs und Marias Suche nach einem Platz für Jesu Geburt vor. Danach hielt er auf afrikaans eine Ansprache über ihre Arbeit, ihre Beziehungen, ihr gutes Einvernehmen und wünschte ihnen, daß die Dinge so immer bleiben würden. Ich stand neben ihm und fühlte mich unwohl in meiner Haut. Was verstanden sie von all dem? Tränen stiegen mir in die Augen, als Piet «Stille Nacht, Heilige Nacht» anstimmte und sie mit ihm sangen. Was konnte das schon für sie bedeuten? Genau in diesem Augenblick erfaßte ich die ganze Entfremdung, die der Kolonialismus für diese Menschen mit sich brachte, ent-fremden, das heißt doch auch, einen Menschen sich selbst zum Fremden machen. Warum erzählte man ihnen diese wunderbare Geschichte nicht in ihrer Sprache, ihren eigenen Lebensvorstellungen, ihren Gesängen, ihren Symbolen? Dann hätten sie die Freiheit gehabt, sie zu akzeptieren, und sie hätten verstanden, was sie sangen. Aber so war es erniedrigend. Auch ich verstand nicht viel von dem, was Piet sagte; es drang nicht bis in die Tiefe meines Wesens vor. Wie kompliziert hier alles ist! Ich muß Dir gestehen, daß ich das undeutliche Gefühl hatte, daß sie Piet gegenüber Komödie spielten. Weil sie ihn gern haben, wollten sie ihm eine Freude machen...

Danach ging man zur Verteilung der Geschenke über: Kleidung, Alkohol und Bonbons. Stoffe für die Frauen: das sind die traditionellen Geschenke in den kolonisierten Ländern. Ich fragte Piet, ob es wirklich nötig war, Alkohol auszuschenken. Doch er antwortete mir, sie seien sehr enttäuscht, wenn er es nicht täte, und Weihnachten sei das Fest, an dem sie sich am meisten betrinken. Das ist traurig, um so mehr, als mein Mann ihnen gewünscht hat, daß alles beim alten bleiben möge. Wie soll man das alles nur ändern, mit wem und mit was nur beginnen?

Tabari, der Buschmann, und seine Frau näherten sich mir, um mir einen lebendigen Hahn und ein Huhn zu überreichen, die sie bei den Beinen hielten. Ein Geschenk für mich? Ein wenig erschreckt nahm ich die beiden flügelschlagenden Vögel in Empfang und dankte ihnen auf Französisch, weil mir das spontan vom Herzen kam und ich die Buschmannsprache mit all ihren geheimnisvollen Klick-Lauten nicht beherrsche. Piet erklärte mir dann, daß er zum erstenmal ein solches Geschenk bekäme. Eine Anwandlung von gerührter Dankbarkeit für diesen kleinen Mann überkam mich. Ich hatte ihn schon oft auf seinem Pferd vorbeireiten sehen und war neugierig auf ihn. Er zog immer den Hut vor mir, wie ein feiner Herr. An diesem Abend habe ich durch ihn mein Selbstvertrauen zurückgewonnen. Gerne hätte ich ihn anschließend zum Essen eingeladen, aber wir gehörten verschiedenen Welten an.

Ich hatte ein Festessen für unsere Gäste Klaus und Karen zubereitet. Piet hatte sie zufällig auf der Polizeistation getroffen, wo sie ihre Aufenthaltsgenehmigung verlängern ließen. Klaus ist ein deutscher Ingenieur und hat schon ganz Asien bereist. Er ist hierhergekommen, um Namibia «auszuprobieren». Als Menu gab es Kuduleberpastete, ein Hähnchen des Hauses in Weinsoße und Papaya aus dem Garten. Gespeist haben wir vom feinen Schloßporzellan. Die zwei Silberkandelaber ließen die guten südafrikanischen Weine in den schlesischen Kristallgläsern aufblitzen. Außerdem hatte ich eine Platte mit Kirchenmusik aus der Provence aufgelegt, weil ich melancholisch war. Ganz Europa hatte sich zu diesem ersten Weihnachtsfest im Busch ein Stelldichein gegeben. Nur Afrika nicht... Alles war ein wenig unwirklich. Mir war nicht wohl dabei. Ich hatte den Eindruck, einen Traum zu leben, der absolut nicht zu der Wirklichkeit außerhalb dieser vier Wände paßte. Ich hoffe, daß mein nächstes Weihnachtsfest anders verläuft und es möglich ist, das Innere des Hauses mit der Außenwelt in Einklang zu bringen. Sonst ist es kaum zu ertragen.

Mit der Zeit habe ich die Bekanntschaft anderer deutscher Kolonialherren aus der Umgebung gemacht. Einige sind schon seit drei Generationen hier und kennen kein anderes Vaterland mehr. Ihre Familien sind Ende des letzten Jahrhunderts hierhergekommen. Andere sind zwischen den beiden Weltkriegen oder nach 1945 emigriert. Fast alle stammen aus Ostdeutschland oder dem Baltikum. Sie sind schon einmal vor dem aufsteigenden Kommunismus geflohen und haben – wie meine Schwiegereltern – alles verloren. Mindestens ein Drittel von ihnen sind Aristokraten, darunter auch ehemalige Offiziere der deutschen Armee, die nach dem Krieg nicht sofort Arbeit finden konnten. Schließlich begegnet man von Zeit zu Zeit auch ein paar Nazis, die in aller Ruhe den Geburtstag ihres Führers feiern. Bei ihnen läuft es mir eiskalt den Rücken hinunter. Ich glaube, ihnen fehlt es einfach an Menschlichkeit. Aber am unglaublichsten sind die alten Soldaten der deutschen Armee, die mir erzählen, wie schön das Wetter zur Zeit der deutschen Okkupation in Frankreich war. Oh! Und die Französinnen! Ihr Mangel an Takt ärgert mich. Instinktiv sympathisiere ich mit den Franzosen und Französinnen, die in die Résistance eingetreten sind, um ihr Land von der ausländischen Besatzungsmacht zu befreien.

Die Kolonisierung Namibias durch die Deutschen war, verglichen mit der Englands und Frankreichs in Afrika, von kurzer Dauer. Offiziell begann sie 1884, als Bismarck dieses Land zum deutschen Protektorat erklärte. Ihr Ende fand sie 1915 mit dem Einmarsch südafrikanischer Truppen in Südwest-Afrika, wie das Land damals hieß. Ich gebrauche den Namen Namibia, weil er von der internationalen Gemeinschaft akzeptiert wird und ich ihn schöner finde. Aber Du mußt wissen, das ist hier nicht gern gesehen, es sieht nach «Kommunismus» aus. Schreib auf Deine Briefumschläge nicht Namibia, das könnte Ärger geben. Durch den Vertrag von Versailles wurde das Land dann unter südafrikanisches Mandat gestellt. Während jedoch andere Länder mit dem gleichen Mandatsstatus – namentlich Kamerun und Togo – schon vor zwanzig Jahren die Unabhängigkeit erhielten, hat Namibia dazu bisher noch keinen Zugang bekommen. Darüber hinaus handelte es sich um ein besonderes Mandat, denn Südafrika konnte es als integralen Bestandteil seines eigenen Territoriums verwalten. Auf diese Weise hat es absichtlich jahrelang seine Unabhängigkeit verzögert, weil es eher an Eingliederung dachte. Aber die Vereinten Nationen haben dem einen Riegel vorgeschoben.

Auch wenn die deutsche Kolonisierung kaum dreißig Jahre andauerte, so hat sie doch unauslöschliche Spuren hinterlassen, die noch heute sehr lebendig sind. Die wirtschaftlichen Grundlagen sind alle von den Deutschen gelegt worden: Kupfer- und Diamantenminen, Rinder- und Schafzucht, Fischereiindustrie. Dies alles haben sie mit der bei ihnen so bekannten Tüchtigkeit – selbst in den Tropen – aufgebaut. Ihre Geländekarten sind so exakt, daß man sie noch sechzig Jahre später benutzen kann. Und man trifft hier alte Herero, die in der Sprache Goethes fluchen (was der wohl davon gehalten hätte?). Alle diese Leute sagen, daß sie die deutsche Kolonisierung der südafrikanischen vorziehen, die die Apartheid eingeführt hat. Und dennoch haben die deutschen Kolonialherren die gleichen Irrtümer begangen wie alle anderen Kolonialisten in Afrika: Sie haben den Eingeborenen ein fremdes Gesellschaftssystem aufgezwungen, sie haben die lokalen Bräuche und Traditionen mißachtet, sie haben das Prinzip «teile und herrsche» angewendet. Und sie haben einen blutigen Krieg gegen die Herero geführt, die sich schließlich dagegen auflehnten. Sehr viele von ihnen wurden umgebracht. Bei diesem Völkermord kamen ungefähr 70000 Menschen ums Leben. Die Überlebenden sind nach Betschuanaland (Botswana) geflohen und erst später wieder zurückgekehrt. Den Herero wurde untersagt, ihre Rinderzucht zu betreiben, so wurden sie auf die Stufe des verarmten Proletariats gedrängt und ihrer Identität beraubt. Denn alles, was für das Volk der Herero irgendeinen Wert besitzt, hat etwas mit Rindern zu tun. Sie sind ein edles und stolzes Hirtenvolk, das ein Nomadenleben führt. Aber in welchem Land hat sich die Kolonialverwaltung je die Mühe gemacht, die Wertsysteme der Kolonisierten zu verstehen? Sogar die Missionare haben sich darüber hinweggesetzt.

Als die südafrikanischen Nationalisten nach und nach in Namibia ihr von der ganzen Welt verachtetes Apartheidsystem durchsetzten, hat die große Mehrheit der Deutschen das stillschweigend unterstützt. Nach all dem, was sie den Juden zugefügt haben, war es teuflisch, daß sie nun wieder ein rassistisches Experiment befürworteten. Aber sie wollten gegen die offizielle Politik ihres neuen Vaterlandes nicht aufbegehren. Es hatte sie ja aufgenommen... Du kennst doch ihren Konformismus... Ich muß Dir allerdings gestehen, daß ich von dieser Apartheidspolitik noch nicht viel mitbekommen habe, weil ich auf dem Land lebe, wo die menschlichen Beziehungen noch sehr patriarchalisch sind. In Otjiwarongo allerdings sind die Wohngebiete, die Schulen und Krankenhäuser nach Rassen getrennt. Das ist schon ein Skandal, denn dies alles ist gesetzlich verankert. Sicherlich herrschte in den anderen afrikanischen Kolonien auch eine Art Apartheid, doch war sie nicht durch Gesetze abgesichert. Soviel ich weiß, sind in Angola und Mozambique, die beide noch unter portugiesischer Herrschaft stehen, weder Schulen noch Krankenhäuser getrennt. Ich weiß nicht genau, wie es in Rhodesien ist.

Die Schwarzen scheinen gelehrig und passiv zu sein. Es ist so leicht, andere auszubeuten, wenn sie es mit sich geschehen lassen; und wenn sie ihre Rechte nicht kennen, kommt man noch leichter in Versuchung. Ohne Murren akzeptieren sie die lächerlichen Löhne, die man ihnen bietet. Ich glaube, daß in der Hauptstadt Windhuk alles anders ist. Ein Priester hat mir erzählt, daß die Schwarzen sich dort ihrer Situation viel bewußter sind. Ihre intellektuellen und politischen Führer wurden ins Gefängnis gesteckt oder neutralisiert. Ich glaube, daß mindestens um die Tausend in den letzten Jahren das Land verlassen haben, um sich in Tansania ihrer Befreiungsbewegung SWAPO anzuschließen. Hier weiß niemand etwas von diesen Dingen. Die Leute leben so, als ob die Welt in Afrika stillstünde. Sie fühlen sich ihrer Rechte so sicher. Ich habe in der *Monde hebdomadaire* gelesen, daß in Mozambique einiges in Bewegung ist. Den lokalen Zeitungen habe ich allerdings nichts Entsprechendes entnehmen können.

Piets Freunde und Verwandte sind hauptsächlich Landwirte, die den gleichen Lebensstil haben wie wir. Manche besitzen Ländereien von 5000 ha, was nicht ungewöhnlich ist, um eine europäische Familie überhaupt ernähren zu können, denn der Boden ist sehr arm. Zehn Hektar sind notwendig, um ein Rind zu mästen, während in der Schweiz ohne weiteres zehn Rinder auf einem einzigen Hektar weiden können! Ich kenne aber auch einige Großgrundbesitzer, die 20000 bis 30000 ha haben. Es kommt sogar auch vor, daß jemand über 60000 ha herrscht. Das sind dann die Ausmaße eines Kantons.

Dies alles ist in höchstem Maße ungerecht, wenn Du Dir klarmachst, daß die Schwarzen, die ja hier zu Hause sind, kein Recht auf ihr eigenes Land haben, es sei denn in ihren Reservaten. Selbstverständlich ist man der Meinung, daß sie keine 5000 ha pro Familie brauchen. Obwohl ich auch da ein oder zwei Ausnahmen kenne. «Sie haben nicht die gleichen Bedürfnisse wie die Weißen», lautet die Erklärung. Warum zwingt man ihnen dann aber unser Wertesystem in Schule und Kirche auf? Wenn man wirklich will, daß «zivilisierte» Menschen wie wir aus ihnen werden, sollte man doch einige Konsequenzen ziehen... Im Augenblick leben sie in Reservaten zusammengepfercht, die im allgemeinen ihren Wohngebieten entsprechen. Es gibt etwa zehn, eins für jede ethnische Gruppe. Unter keinen Umständen eine Mischung der Ethnien! Es sind die sogenannten *homelands:* Ovamboland, Kavangoland, Caprivi, Kaokoland, Buschmannland, Hereroland, Tswanaland, Damaraland, Namaland, Rehoboth. Wenn jemand anderswo wohnen will, muß er einen *Pass* haben, der ihm eine Arbeitserlaubnis erteilt. Die große Mehrheit kennt kein Privateigentum; es gibt nur Gemeineigentum, und sie haben das Nutzungsrecht über den Boden, der normalerweise den Stammeshäuptlingen gehört. Auch dieses System ist nicht ohne Ungerechtigkeiten, und häufig sind ihre Häuptlinge despotische Herrscher. Es herrscht das Gewohnheitsrecht mit Ausnahme bestimmter schwerer Delikte (Sicherheitsdelikte, Vergewaltigung mit Mord), bei denen dann ein Recht in Kraft tritt, das Ähnlichkeiten mit dem alten Code Napoléon hat.

Merkwürdig, daß ich Dir noch gar nicht von den Buren erzählt habe, jenen Südafrikanern, die hier sind, um «für die Entwicklung und das moralisch-materielle Wohlergehen der Einwohner dieses Landes zu sorgen» (entsprechend dem Wortlaut des Mandats). Ich bin erst seit einigen Monaten hier, deswegen kann ich mir noch kein rechtes Bild von ihnen machen. Aber ich kann Dir jetzt schon sagen, daß ich – wenn überhaupt – bestenfalls eine materielle Entwicklung feststellen kann (besonders beim Straßenbau), die moralische Entwicklung muß mir bisher entgangen sein. Im Gegenteil, ich habe das Gefühl, mich in einem äußerst kolonialen und rassistischen Land zu befinden. Ich habe wenig Kontakt zu den Buren, da ich mich hier eher unter den Deutschen aufhalte und auch die Weißen getrennt voneinander leben. Sie haben ihre eigenen Kirchen, Schulen und Freizeitclubs. Jeder bleibt für sich. Die einzigen, denen ich bisher begegnet bin, sind untergeordnete Verwaltungsangestellte und Farmer. Sie scheinen nur eine beschränkte Erziehung und Ausbildung genossen zu haben, aber wir leben in einem Entwicklungsland, das darf man nicht vergessen. Sie sind freundlich und glauben alles, was Du ihnen erzählst, solange Du jemand mit einer weißen Haut bist. Aber wenn sie es mit Schwarzen zu tun haben, werden sie hart, brutal und aggressiv. Ich fange an, im Umgang mit ihnen den Rassismus zu entdecken. Das ist etwas so Unbegreifliches für mich, daß ich es gar nicht richtig erklären kann. Ich glaube, es ist ein Gefühl, das seine Wurzeln im Instinkt, in der Angst und in einem Überlegenheitsgefühl hat. Ich empfinde die Deutschen als weniger rassistisch als die Buren. Meistens haben sie ganz unglaubliche französische Namen. Es ist, als läse man ein Buch von Victor Hugo: Joubert, Fourié, Terblanche, du Toit, Labuschagne, du Pré, Viljoen (Villon); sie haben sie dem Holländischen angepaßt, weil die calvinistische Kirche das von ihnen verlangt hat. Anscheinend hat man den ersten Hugenotten kategorisch das Recht bestritten, ihren Gottesdienst auf französisch zu halten. Es heißt sogar, daß man denen, die noch versuchten, Französisch zu sprechen, die Zunge abschnitt.

Und auch das Leben der Schwarzen in der afrikanischen Stadt Otjiwarongo erinnert mich an Victor Hugos «Misérables». Überall begegne ich hier Kindern, die wie Pariser Gassenjungen aussehen. Bei den Familienessen der Weißen halten sich alle vor und nach der Mahlzeit bei den Händen und beten. Die großen Kinder sprechen sehr respektvoll zu ihren Eltern. Mich nennen sie *Tannie,* Tante. Kinder benutzen diese ehrfürchtige Anrede für alle verheirateten Frauen. Um dieses Familienleben auf dem Lande zu verstehen, muß man sich in das Europa von vor 75 oder 100 Jahren zurückversetzen. Ihre äußerliche Heiterkeit kann nicht verbergen, daß sie tief im Innern etwas Tragisches haben, was ich auf ihren Calvinismus zurückführe, wie ich ihn hier in diesem verlorenen Winkel Afrikas kennenlerne. Es scheint mir eine sehr rigide Religion zu sein, die hauptsächlich aus Moral, aus Gesetzen und Verboten besteht. Sie machen den Eindruck, als lebten sie noch zu Zeiten des Alten Testaments. Einige von ihnen halten die Buren immer noch für das auserwählte Volk, so wie sie sich sahen, als sie hierher kamen. Das ist doch eine gewaltige Anmaßung, sich an Stelle der Juden für das erwählte Volk zu halten. Man kann sich das nur aus der Tatsache erklären, daß die ersten Buren im 17. und 18. Jahrhundert fast 200 Jahre lang nichts anderes als die Bibel auf ihren entlegenen Höfen lesen konnten. Das Alte Testament zeigte ihnen, welches Verhalten im Leben und im Exil angemessen war: genauso, wie Gott es Moses gewiesen hatte. Sie wollten nicht unter der Herrschaft der Engländer von Kapstadt leben und haben sich auf dem sogenannten Großen Treck ins Exil, ins Innere des Landes, vorwiegend nach Transvaal, zurückgezogen. Nach Namibia sind sie erst im letzten Jahrhundert gekommen. Ihren Nachkommen bin ich dann hier begegnet.

Diese Buren waren so vom Unabhängigkeitsdrang besessen, daß sie in Südafrika als erste einen Befreiungskrieg gegen die englischen

Neuankömmlinge führten. Damals schon bedienten sie sich der raffiniertesten Guerilla-Taktik, dennoch wurden sie von den Engländern und ihrer überlegenen Armee geschlagen, die Frauen und Kinder der Buren in Konzentrationslager schickten, wo Tausende an Krankheit und Hunger starben. 25 000 Kinder kamen so ums Leben. Wie Du siehst, gehörten die Engländer mit Stalin zu den Erfindern der Konzentrationslager, die Deutschen haben da nicht das Monopol. Das Wissen um diese Tragödie wurde gewaltsam verdrängt; in den Schulbüchern wird sie nirgends erwähnt, um den Haß zwischen den Weißen nicht aufs neue zu entfachen und um ihre Einheit aufrechtzuerhalten. Mir ist es zuwider, wie sie die historische Wahrheit verschleiern. Erst das führt doch dazu, daß die Menschen einander hinterhältig und mißtrauisch begegnen. Dabei sind die Buren in mancher Hinsicht ein sehr anziehendes Volk, einigen von ihnen fühle ich mich emotional manchmal näher als den Deutschen. Leider aber sind sie auch die Erfinder der Apartheid, dieser Ansammlung von engherzigen, rassistischen und ungerechten Gesetzen gegen die Schwarzen. Es ist mir ein Rätsel, wie Menschen, die sich als Christen bezeichnen, dieses System erfinden konnten. Warum gestehen sie andern nicht die Rechte zu, die sie angesichts der Gewehrmündungen von den Engländern gefordert haben? Vielleicht werde ich es eines Tages verstehen.

Die Beziehungen zwischen den Schwarzen und den Deutschen sind zwar rauh, aber trotz allem korrekt und gerecht – wenn dieses Wort hier überhaupt am Platze ist. Dagegen spürt man, daß die Buren für die Schwarzen nichts als Verachtung übrig haben. Man merkt diesen Bauern an, daß die Schwarzen für sie minderwertige Wesen sind, «weil die Bibel es so gesagt hat». Ich sah neulich dem Viljoen-Sohn beim Reparieren eines Automotors im Hof der Farm zu, dem ein schwarzer Angestellter die Werkzeuge zureichte. Wenn er sie ausgebraucht hatte, warf er sie auf die Erde, und der Schwarze mußte sich jedesmal bücken, um sie aufzuheben, was er auch wortlos tat. Für mich ist das die wirkliche Sklaverei: nichts mehr von der eigenen Würde zu wissen oder den Glauben an sie verloren zu haben.

Ich hatte den Eindruck, daß dieser Bengel, der vielleicht gerade zwanzig war, nur seine Überlegenheit demonstrieren wollte, wobei er seinen Vater nachahmte, der sich wohl ebenso verhält. Ich hatte große Lust, ihn zu ohrfeigen, das kannst Du mir glauben. Dabei habe ich noch nie im Leben jemandem eine Ohrfeige gegeben. Wie viele

Schwarze werden täglich auf diese Art in Namibia gedemütigt? Und wieviel aufgestaute Gewalt wird sich eines Tages entladen?

Ich glaube nicht, daß alle Buren so sind. Piet hat mir erzählt, daß manche von ihnen in Südafrika anders sind. Aber ich kenne sie noch nicht.

Wußtest Du, daß sie in den Schulen noch die Prügelstrafe haben? Die Lehrer und Eltern bemühen sich nicht wie wir in Europa, die Psychologie des Kindes zu verstehen. Wenn man bei Euch an diesem Punkt übertreibt, dann verfällt man hier in das genaue Gegenteil. Autorität wird grundsätzlich nicht in Frage gestellt. Was sich hier zwischen Eltern und Kindern bzw. Lehrern und Kindern abspielt, ist kein Dialog zwischen gleichwertigen Menschen; was zählt, ist die Heranbildung von disziplinierten und gehorsamen Wesen, so wie wir es von den Ländern des Ostblocks kennen.

Das Unglaublichste ist, daß man bis vor kurzem Darwins Evolutionstheorie in den Schulen nicht unterrichten durfte! Ich glaube nicht richtig gehört zu haben! Du kannst mir glauben, daß gerade hier die Natur ein lebendiger Beweis dieser Evolution ist, man braucht nur die Augen aufzumachen. Michel, in ihren Augen muß alles bleiben, wie es ist, denn alles wurde ein für allemal von Gott erschaffen. Das Peinlichste daran ist allerdings, daß sie mit ihrer Apartheidspolitik bestimmte Aspekte der Darwinschen Theorie durchaus bestätigen – der Stärkste setzt sich durch. Daran kannst Du die intellektuelle Rückständigkeit der Menschen in diesem Winkel Afrikas erkennen; sie erinnert mich an die katholische Kirche im Mittelalter.

Es ist heiß und schwül. Alles ist wie mit Elektrizität aufgeladen. Jeden Tag ballen sich Wolken zusammen, ein Gewitter steht unmittelbar bevor, aber es kommt nicht.

Ich fühle mich unwohl, daß man mich hier wie ein höheres Wesen behandelt, nur weil ich weiß bin. Diese Unterwürfigkeit, die Angewohnheit der Schwarzen, uns nicht in die Augen zu sehen, wenn sie mit uns sprechen, ihre Ergebenheit – das alles berührt mich stark. Es gäbe so viel zu tun, um sie aufzurütteln, ihnen Selbstvertrauen und eine neue Identität zu geben. Jeden Samstag und Sonntag betrinken sich die Angestellten, Frauen eingeschlossen. Ich habe Piet nach dem Grund gefragt. «Das kommt daher, weil sie sich nicht anders beschäftigen können. Glaub mir, sie sind glücklich so.»

Piet redet wie alle andern Weißen hier. Das macht mich traurig. Wenn man sie fragt, was sie von den Schwarzen halten, antworten sie alle: «Sie sind faul und dumm. Warum soll man ihnen eine Entwicklung ermöglichen, die sie selbst doch gar nicht wollen? Sie wollen keine Verantwortung übernehmen. Niemals werden sie ein Land regieren können. Und man muß auf der Hut sein – wenn man ihnen den kleinen Finger reicht, nehmen sie die ganze Hand.»

Aber wie sollte hier auch Hoffnung sein, wenn das Elend schon ererbt ist. Den Schwarzen nützt es weder zu arbeiten noch intelligent zu sein. Alle diese Weißen gehen mir allmählich auf die Nerven, ich finde sie so engstirnig. Und sogar mein Mann enttäuscht mich, er, der mehr als ein Jahr in Europa zugebracht hat. Während all dieser Monate habe ich seine Arbeit, sein gutes Einvernehmen mit den Schwarzen bewundert, und ich war überzeugt, daß wir schließlich zusammen gerechtere zwischenmenschliche Beziehungen zustande bringen könnten und uns politisch engagieren würden. Es gibt hier eine Oppositionspartei der Weißen. Aber heute abend erscheint mir das alles unmöglich. Vielleicht entmutigt diese aufreizende Hitze Menschen mit empfindlichen Nerven. Ich fühle mich sehr allein und isoliert. Ich möchte mich am liebsten ausweinen. Was habe ich eigentlich bei diesen letzten Kolonialherren Afrikas verloren?

Tabari, der Buschmann

Februar 1968

Jeden Tag wieder bin ich entzückt über den Sonnenaufgang und Sonnenuntergang, die aussehen als setze eine flammende Scheibe den Himmel in Brand. Nie in meinem ganzen Leben habe ich dieses Erlebnis innerhalb von wenigen Monaten mir so oft angeschaut. Wir leben hier nach dem Rhythmus der Natur: Die Arbeit beginnt mit Sonnenaufgang und endet mit Sonnenuntergang. Während der glühendheißen Mittagsstunden wird eine Pause eingelegt. Ich bekomme allmählich einen völlig anderen Zeitbegriff als in der Schweiz. Ich trage auch keine Uhr mehr; die allgegenwärtige Sonne zeigt mir die Stunde an. Wenn ich sehe, wie sie seit acht Monaten täglich treu ihren Weg an diesem ewig blauen Himmel zurücklegt, dann begreife auch ich allmählich, warum bestimmte Dinge unveränderlich sind. In der Unendlichkeit dieser weiten Ebenen bekomme ich eine Vorstellung von der Ewigkeit. Es ist nicht erstaunlich, daß die Bewohner dieses Landes, die schon seit Jahrtausenden hier leben, eine andere Zeitvorstellung haben als wir. Ich wundere mich nur, daß die weißen Farmer noch nicht auf die Idee gekommen sind, auf die hellen Wände ihrer Häuser die Sonnenuhr zu malen, und sei es auch nur aus dekorativen Gründen.

Wir versorgen uns beinahe mit allem selbst, was wir brauchen. Piet geht auf Antilopen- oder Fasanenjagd, wenn wir kein Fleisch mehr haben. Aus dem Garten holen wir uns Obst, Gemüse und den traditionellen Mais. Aber die Trockenheit nimmt den Dingen die Würze und den Blumen ihren Duft. Nur selten verspüre ich das Bedürfnis, in die Stadt zu fahren und mich unter die Menschen zu mischen. Meine Häutung ist noch nicht abgeschlossen. Ich empfinde mich noch als konturloses Wesen, fühle mich unwohl in meiner Haut. Mir fehlen die Worte, um meine Gedanken wirklich auszudrücken, ein frustrierender Zustand, denn man erweckt den Eindruck, als hätte man gar keine Meinung. Was ist bloß aus mir geworden? Gestern habe ich mich gefragt, an welchen «Werten meiner Kultur» mir noch liegt und ob diese denn wirklich unentbehrlich für mein Leben hier sind. Ich habe eine Liste von allem, was mir hier fehlt, aufgestellt: meine Muttersprache, die gute französische und italienische Küche, die Bücher, der intellektuelle Kontakt, die geistige Offenheit, die Freunde, das Theater, Skilaufen, kleine Fahrten nach Paris oder auf den Peloponnes (...ganz schön bürgerlich). Das hat mich zu der «logischen» Schlußfolgerung geführt, daß dies alles nicht wirklich zählt im Leben und ich mich soweit wie möglich um die kulturelle Anpassung an dieses Land bemühen muß. Ich bin es meiner Liebe zu Piet schuldig, und außerdem will ich ja auch Sinnvolles tun. In diesem Zustand der inneren Zerrissenheit kann ich auf keinen Fall länger verharren.

Ich habe mich also entschlossen, alles über Bord zu werfen. Dabei habe ich nur einen Satz in mir zurückbehalten, der im Grunde der Schlüssel jeder Philosophie ist: «Respekt vor der menschlichen Person», und habe mir vorgenommen, daß ich mein neues Leben auf dieser Basis aufbauen muß, ohne mich mit dem Schutt der alten Kultur zu belasten. Ich hätte darüber gern mit einer lebenserfahrenen Person gesprochen, denn ich brauche jemanden, der mich führt. Piet ist hier geboren, er kann nicht verstehen, was es bedeutet, zwischen zwei Kulturen zu stehen und außerdem noch völlig Neues, Fremdes zu entdecken. Ich hoffe, daß ich nicht allzusehr tabula rasa gemacht habe. Aber nicht einmal Du kannst mir helfen.

Eines Nachmittags, als ich allein war – Piet war in der Stadt –, wurde ich durch ein wütendes Galoppieren geweckt, das vor meinem Schlafzimmerfenster innehielt. Ich machte gerade meine Siesta. Es war Tabari, der Buschmann. «Misis, der Löwe! Nimm das Gewehr!» Mein Herz stand still. Wir wußten schon seit längerem, daß es einen Löwen in der Gegend gab, der schon mehrere Lämmer gerissen hatte. Ich spürte Panik in mir aufsteigen. Was tun? Tabari blieb auf seinem Pferd sitzen und erwartete von mir, was er von seinem *baas* verlangt hätte. Er machte keinen Unterschied zwischen der Ausländerin und dem Kolonialherrn! Wahrscheinlich hatte er mich beobachtet, wie ich schießen übte und dabei auf Konservenbüchsen zielte. Piet hatte eines Tages gesagt: «Man weiß nie, das kann immer nützlich sein.» Erinnerst Du Dich noch an unseren Großvater, der Meister im Pistolenschießen war, und an all die Medaillen, die die Wände seines Büros zierten?

Ich glaube, mein Schweizer Instinkt kam plötzlich zum Vorschein, und mit entschlossenem Schritt habe ich mein Gewehr gesucht. Wir sind in den Landrover gestiegen, und nach einigen Minuten hat Tabari mir Zeichen gemacht, ich solle anhalten und ihm zu Fuß folgen. Der Busch war wie ein Backofen. Zu dieser Stunde ruhen die Tiere im Schatten der Bäume. Ich habe mich einigermaßen unsicher, das Gewehr über der Schulter, in Bewegung gesetzt. Ich kam nur langsam voran, denn ich hatte Angst vor Schlangen. Die Mambas befördern Dich innerhalb von drei Minuten ins Reich der Träume. Das Gras war hoch und dicht, und die stachligen Sträucher zerrissen mein Hemd. Der Buschmann war weit vor mir und interessierte sich nicht für mein Drama. Er kam mit einer Geschmeidigkeit und Leichtigkeit voran, die mich noch mehr entmutigten. Völlig erschöpft rief ich nach einer halben Stunde seinen Namen. Er kam auf seinen Fußspuren zurück und machte mir ein Zeichen, ihm das Gewehr zu geben. Eine lange Minute zögerte ich und versuchte, in seinem Blick zu lesen. Wenn er mich nun kaltblütig niederschlagen würde? Letztendlich gehörte auch ich zu der Welt der Kolonialisten, auch wenn ich ihre Überzeugungen nicht teilte. Das mußte ihm völlig egal sein. Tabari schien mein Zögern zu überraschen: Er hatte das sanfte Lächeln seines Volkes und schelmische Augen. Wenn er lächelte, überzog sich sein Antlitz mit Tausenden von kleinen Falten, die sein ganzes Gesicht zum Strahlen brachten. Schließlich nahm er das Gewehr von meiner Schulter, und ich folgte ihm schweigend. Da die Schwarzen in diesem Land nicht das Recht haben, Waffen zu tragen, konnte er es sicher nicht einmal bedienen.

Er las die Fußabdrücke des Löwen im Sand, wie man eine Geschichte in einem Buch liest, und gab mir Erklärungen in Afrikaans, die mit fremden Wörtern vermischt und von bedeutungsvollen Handbewegungen begleitet waren. Ich verstand, daß es sich um eine trächtige Löwin handelte, daß sie gerade erst hier vorbeigekommen war, Hunger hatte und wahrscheinlich in eine Falle der Farm gegangen war. Je mehr wir uns näherten, desto mehr wurde mir die enorme Gefahr, in die wir uns begaben, und meine eigene Leichtfertigkeit bewußt.

Ich bat Tabari, eine weitere Pause einzulegen, um nachzudenken. Ich wollte ihm erklären, daß ich Angst hatte und daß es besser wäre, umzukehren und den nächsten Tag abzuwarten. Piet würde erst bei

Anbruch der Nacht zurückkommen. Aber die Mauer der Sprache und tausend Jahre trennten uns. Für den Buschmann ist die Jagd etwas Heiliges, sie bedeutet Überleben. Ein verletztes oder angegriffenes Tier muß getötet werden. Auf die Verfolgung der Löwin zu verzichten wäre eine Absage an all das gewesen, was ihm Gebot war. Da saß er nun, schweigend in die Betrachtung des Busches versunken. Er war klein, etwa 1,55 Meter groß, so wie ich, hatte braungelbe Haut, hervorspringende Wangenknochen, Schlitzaugen und war sehr feingliedrig. Vor mir hatte ich einen Vertreter eines der ältesten Völker Afrikas, ja wahrscheinlich der Erde, dazu überdurchschnittlich intelligent. Ein kleiner Buschgott und doch ein Spezialist, wenn es um das Überleben in dieser feindlichen Umwelt ging. Wenn er mich da sitzengelassen hätte, wäre ich vor Angst gestorben, unfähig, den Weg zur Farm zurückzufinden. Mit mir war in einer solchen Situation nicht mehr viel los. Nicht mal mein Gewehr hatte ich bei mir. Ein tiefes Gebrüll riß mich plötzlich aus meinen metaphysischen Betrachtungen. Tabari erhob sich mit einem Satz und machte mir ein Zeichen, ihm zu folgen. Mein Herz klopfte zum Zerspringen. In meinem Schädel war ein ohrenbetäubender Lärm. Der Schweiß rann mir die Stirn hinunter und machte mich blind. Nach einigen Minuten sah ich in der Ferne die Löwin liegen, die sich in der Falle die blutende Tatze leckte. Sie versuchte nicht mehr, sich zu befreien. Tabari gab mir das Gewehr, als verstünde es sich von selbst, daß ich sie töte. Zitternd lud ich durch. Es war nicht schwer, ihr die Kugeln in den Kopf zu jagen, aber ich mußte mehrere Anläufe nehmen. Ich habe nicht gewagt, das Tier anzusehen, nachdem es einmal tot war. Der Buschmann trat heran, kniete nieder und murmelte geheimnisvolle Worte. Das klang wie ein Gebet. Später habe ich Piet gefragt, was das bedeutete, und er sagte mir, daß die Buschmänner die Tiere immer um Verzeihung bitten, wenn sie sie getötet haben, und ihnen erklären, daß es zum Überleben geschah. Ich kann mir unsere Jäger in Europa nicht bei einer ähnlichen Geste vorstellen.

Wir sind dann zum Hof zurückgekehrt, um Verstärkung zu holen, das Tier bis zum Landrover zu schleppen und es vor der Nacht auszunehmen. Als wir zurückkamen, sahen wir schon von weitem die Geier am Himmel kreisen. Das Bellen einer Hyäne erfüllte mich mit eisigem Schrecken, es klang wie zynisches Gelächter. Als ich nach Hause kam, fand ich Piet, der völlig überrascht war von meiner Heldentat.

Er hatte Mühe zu glauben, daß seine europäische und darüber hinaus noch intellektuelle Frau an einem solchen Abenteuer teilgenommen haben sollte. Ich fand nicht die richtigen Worte, um ihm zu erklären, daß in Wirklichkeit der Buschmann mich fasziniert hatte und ich ihn nicht hatte enttäuschen wollen.

Wie anders verläuft die Jagd der Weißen. Wenn kein Fleisch mehr im Kühlschrank ist, geht Piet mit seinem Vater auf Jagd, im Landrover und mit einem Scharfschützengewehr. Die Kudus verstecken sich meist in den Bergen des Anwesens. Die Tiere werden mit dem Fernrohr gesichtet und aus mehreren hundert Metern Entfernung getötet, ohne daß sie ihrer Verfolger überhaupt gewahr werden, eine Form zu jagen, die so ganz anders ist als die der Buschmänner. Deren Frauen bereiten sorgfältig das Gift vor, das sie aus einer Art schwarzem Insekt oder aus Larven gewonnen haben. Damit reiben sie das untere Ende der Pfeile ein. Wenn ein Buschmann auf ein Tier geschossen hat, stirbt es nicht sofort. Er muß es stundenlang und manchmal tagelang verfolgen, bis das Gift seine Wirkung getan hat.

Die Jagd ist hier wirklich noch eine Überlebensfrage. Ich mag keine Trophäensammler, wie es die Jäger sind, die aus Deutschland hier angereist kommen. Abends erzählen sie ihre Heldentaten aus Kenia, Tansania oder Ungarn mit Elefanten, Büffeln, Wildschweinen, Hirschen. Das Bild ihrer Kadaver spukt in meinem Kopf herum, wenn sie von ihren Trophäen erzählen, die sie als Zeugen ihres «altererbten Mutes» in ihren Zweitwohnungen ausstellen. Welchen Mut meinen sie?

Mein Schwiegervater hat ein Jagdbuch, das er schon im Alter von zwanzig Jahren in seinem Schloß führte. Aus Neugierde habe ich es gelesen. Jeden Tag sollte er demnach Tiere töten, einschließlich Vögel, um «das ökologische Gleichgewicht in den Wäldern aufrechtzuerhalten». Alles ist sorgfältig notiert, Tag für Tag, die Anzahl und Art der Tiere, die Begleitumstände ihres Todes. Diese Seiten sind ein stummer Friedhof – der Schauplatz eines Gemetzels aus der Jugendzeit. Ich glaube kaum, daß die Natur nicht selbst für ihr ökologisches Gleichgewicht sorgen kann. In Afrika nimmt die Jagd tragische Dimensionen an. Es sind regelrechte Massaker, zu denen einige Staaten ihren Segen geben, um eine sichere Devisenquelle zu haben. So auch in Namibia. Normalerweise akzeptieren die Gutsbesitzer die Gäste aus Europa. Sie lassen sie jedoch teuer bezahlen für die Kudus, die Säbelantilopen, diese wunderschönen hellbraunen weiß-schwarz gestreiften Gazellen mit dem Schwanz eines Pferdes, für die Leoparden, Löwen, Geparde, Strauße und afrikanischen Wildschweine. Sie tun das mit einer Selbstverständlichkeit, als gehörte ihnen die gesamte Tierwelt, die sich auf ihrem Besitz tummelt.

Piet hat keine zahlenden Gäste, nur von Zeit zu Zeit einige Bekannte, aber auch das reicht schon. Was mich bei all diesen Jagdgeschichten immer wieder frappiert, ist die wohl jahrtausendealte Geschicklichkeit, mit der die Schwarzen dann das Tier ausnehmen. Sie bringen mir riesige Filetstücke, die noch warme Leber und das Herz in die Küche, die edleren Teile sind für den Herrn. Sie sahen mich ganz erschreckt an, als ich sie um das Gehirn bat. Das war wohl wie eine Gotteslästerung. All dieses Fleisch ist mir zuwider. Ich komme mir wie in einer Metzgerei vor! Gott sei Dank ist Whity da, mein Haushofmeister, um sich um diese Dinge zu kümmern. Ich mache riesige Filetsteaks für Piet und Kuduleberpastete für meinen Schwiegervater.

Als Piet dieses Gut vor sieben Jahren wieder bezogen hat, war es von Leoparden bevölkert. Sie haben sich in die felsigen Bergregionen geflüchtet und in Grotten zurückgezogen, zu denen ich mich noch nicht hingewagt habe. Heute gibt es nicht mehr so viele. Das erste Foto, das ich von Piet bekam, zeigt ihn mit dem Gewehr in der Hand neben dem Leichnam eines Leoparden. Ein richtiger Kolonialherr... Acht hat er getötet. Sein allererstes Geschenk an mich ist ein Leopardenfell, das ich nur mit Zurückhaltung streiche, weil ich an das wunderbare Tier denke, das es einmal war. Piet hat die übrigen Felle nach allen Seiten hin verschenkt; wenn er es nicht gemacht hätte, hätte ich mir einen Mantel machen lassen müssen, den ich nie getragen hätte. Alle diese Toten auf meinem Rücken würden mich nur frösteln lassen, anstatt mich zu wärmen. Wie sadistisch er doch ist, dieser männliche Wahn, die geliebten Frauen mit Tierhäuten zu schmücken. Grausamkeit vereinigt sich mit Liebe.

Es gibt Tiere, die mich zum Lachen bringen. Letzte Woche hat uns ein großer Affe mehrere Stunden lang in Atem gehalten. Von Hunger und sicher auch von Neugierde getrieben, kam er aus den Bergen hinabgestiegen und hat sich bis in den Hof des Gutes gewagt und hat, in der Hoffnung, etwas zwischen die Zähne zu kriegen, in den Näpfen der Hunde rumgeschnüffelt. Seine Brüder blieben in respektvollem Abstand. Das war vielleicht ein kämpferisches Durcheinander! Die Hunde wollten ihn verfolgen. Doch er sprang geschmeidig von einem Lastwagen auf einen Baum oder einen anderen erhöhten Gegenstand. Wie ein Verrückter hat er sich amüsiert. Die Hühner flatterten nach allen Seiten und kreischten herzzerreißend. Die Schwarzen nahmen Reißaus, die Vögel verstummten plötzlich, die Grillen unterbrachen ihr ohrenbetäubendes Getöse. Ich hielt den Atem an, um der Szene besser folgen zu können. Dann habe auch ich mich zum Rückzug entschlossen. Ich bin mit den erschreckten Katzen in die Küche geflüchtet und habe die Türen und Fenster im ganzen Haus sorgfältig geschlossen. Es wäre schon tragisch-komisch gewesen, wenn ich ihm in der Bibliothek begegnet wäre.

Ich folgte ihm um das ganze Haus von einem Zimmer zum andern. Schließlich schlug er im Baum unserm Schlafzimmer gegenüber sein Lager auf und blieb dort stundenlang. Ich konnte ihn in aller Ruhe beobachten. Piet hat mir einmal die Schädel dieser großen Affen gezeigt, und ich war von der Ähnlichkeit mit einem menschlichen Schädel – vom Gebiß einmal abgesehen – verblüfft gewesen. Sein Gesicht hatte wirklich etwas Menschliches an sich, als er so damit beschäftigt war, über die Taktik nachzudenken, wie er am besten aus dieser selbstverschuldeten Falle entkommen könnte.

Ich war ganz in anthropologische Betrachtungen versunken und versuchte mir die Jahrmillionen vorzustellen, die nötig gewesen waren, bis wir uns allmählich von dieser Spezies unterschieden, die mich von der Höhe seiner Stange schalkhaft ansah. Da kam Piet unvermutet aus dem Busch zurück. Die Hunde liefen hinter dem Landrover her, und der Affe verschwand eilig. Am Abend dachte ich noch an diesen eigenartigen Besucher, der mich immer noch mit seinen intelligenten Augen ansah und mir plötzlich das hohe Alter der menschlichen Rasse enthüllte, das in diesem Land scheinbar soviel offener zutage tritt als in Europa und dadurch auch in seiner tiefen Würde faßbar wird.

Der Rückweg zum Hof über die sandige Piste bringt bisweilen bei Einbruch der Nacht unerwartete und gefährliche Überraschungen mit sich. Vor kurzem mußte ich auf dem Heimweg von Otjiwarongo scharf bremsen, so daß das Fahrzeug im Sande wie auf Schnee ins Schlittern geriet. Zwei große Kudus mit hohem gewundenem Geweih kamen im Galopp dahergehetzt und wollten gerade die Piste überqueren. Ich fuhr genau in sie hinein. Sie machten einen Satz von zwei Metern über den kleinen VW hinweg (sie haben die Größe von Pferden). Ein anderes Mal habe ich einen Geparden überrascht. Piet hat mir beigebracht, sie von den Leoparden zu unterscheiden, sie sehen immer so aus, als weinten sie. Zwei lange schwarze Linien verlaufen von den Augenwinkeln bis um die Nase herum. Außerdem gehören sie zur Rasse der Hunde, während die Leoparden Raubkatzen sind. Leider konnte ich ihn wegen des dichten Gebüschs nicht weglaufen sehen – was er mit einer Geschwindigkeit von 160 Kilometern die Stunde tut. Kürzlich näherte sich eine Straußenfamilie unserm Haus. Whity, der *boy*, machte mich darauf aufmerksam. Geräuschlos glitt ich von einem Gebüsch zum nächsten, um sie ganz aus der Nähe zu beobachten, aber leider war ich so ungeschickt, daß sie mich kommen hörten und mit ihren staksigen Beinen die Flucht ergriffen. Ich muß schon sagen, daß sie nicht gerade elegant aussehen.

Zu meinen sympathischsten Begegnungen gehören die Störche. Habe ich Dir noch nicht davon geschrieben? Eines schönen Abends kamen nahezu 1000 Störche in die Nähe unseres Hauses, um sich auszuruhen. Welch unvergeßliches Schauspiel! Kleine weiße und schwarze Gestalten – verloren im unendlichen Busch, der vom flammenden Licht der Abenddämmerung überflutet ist. Ich ging hinaus, um sie aus der Nähe zu betrachten. Sie machten keine Bewegung. Die Gegenwart eines Menschen erschreckte sie nicht so wie die afrikanischen Tiere. Woher mochten diese liebenswerten Kreaturen kommen? Aus dem Elsaß, Jugoslawien, Spanien? Wie hatten sie 15000 Kilometer im «Vogelflug» zurücklegen können? Welche Gegenden hatten sie durchfliegen müssen? Wo war ihr Sammelpunkt in Europa gewesen und wann? Ich hätte sie gerne danach gefragt. Zwei Tage blieben sie, um in der Sonne zu faulenzen und zu schlafen. Dann, eines Morgens, als ich in der Dämmerung nach draußen ging, um denen, die nahe beim Haus waren, trocken Brot hinzustreuen, waren sie verschwunden, hatten sich verflüchtigt... Ich war ein wenig traurig, diese Gefährten aus der Heimat verloren zu haben. Piet, dem es nicht an Humor fehlt, meinte, daß uns das Glück bringen werde.

Der Kolonialherr

August 1968

Seit mehreren Monaten habe ich Dir nicht geschrieben. Aber es sind so viele verwirrende Dinge geschehen, daß ich noch nicht zur Feder greifen konnte, um Dir wie bisher meine Gedanken anzuvertrauen.

Mein Schwiegervater ist mit seiner Frau von einem langen Aufenthalt in Europa zurückgekehrt. Wir müssen mit ihnen unter einem Dach leben, und diese Vorstellung ist entsetzlich. Mein Schwiegervater ist ein Mann des 19. Jahrhunderts, und seit seiner Ankunft hat sich Piets Verhalten völlig verändert. Piet ist dreißig Jahre alt und gehorcht ihm! Verstehst Du das? Und ich zähle nicht mehr! Wenn sich in Europa unsere Eltern in unser Privatleben eingemischt und unserm Glück ein Hindernis in den Weg gelegt hätten, hätten wir sie freundlichst gebeten, uns unser Leben allein gestalten zu lassen, und sie hätten es wohl auch verstanden. Hier haben wir überhaupt nichts zu sagen. Der koloniale Umgangston beherrscht alles: die Familie, die Schwarzen, unsere Liebe. Sogar die Hunde sind aggressiv geworden und bellen jedesmal wütend, wenn ein Schwarzer die Einfriedigung des Hofes betritt. Der pater familias, Graf von Ratawu, regiert als absoluter Herrscher. Dabei war ich bereit, ihn zu lieben und zu respektieren, weil er mich durch seine Persönlichkeit, seine Kultur und Erfahrung beeindruckt hatte. Er ist im Begriff, dies alles zu zerstören.

Manche Situationen sind so absurd, daß ich nicht weiß, ob ich lachen oder weinen soll. Vor kurzem, als wir bei Tisch saßen, hat er Whity, dem *boy,* fünf Minuten lang eine Predigt gehalten, weil dieser vergessen hatte, seine Medikamente auf den Tisch zu stellen. Whity stand ganz beschämt da, offensichtlich des Verbrechens der Majestätsbeleidigung schuldig. Ich fand, daß das über die Grenzen «zivilisierter» Manieren hinausging, auf die mein Schwiegervater sich immer beruft, und unter dem Vorwand, etwas vergessen zu haben, verließ ich den Raum. In der Küche sah ich zu meiner Überraschung Whity dieselbe Szene den anderen Angestellten vorspielen. Sie bogen sich vor Lachen. Allem Anschein nach ging ihm das Ganze nicht unter die Haut.

Ich glaube, Piets Vater verübelt es mir, daß ich ihm seinen Sohn genommen habe. Als Kind war er von seiner unberechenbaren Mutter verlassen worden. Sein Vater hat wieder geheiratet, und er wurde von einer Stiefmutter aufgezogen, die ihm wohl nicht viel Zuneigung entgegengebracht hat, wovon er sich wohl nie ganz erholt hat, trotz der Liebe seiner bewundernswerten Frau. Er tyrannisiert alle um sich herum. Aber ich bin nicht nach Namibia gekommen, um unter einem aristokratischen Kolonialherrn zu leiden, der in seiner Kindheit in seinem Schloß nicht genug Liebe mitbekommen hat. Ich habe keine Lust, dieses Opfer zu bringen, selbst wenn die Welt um mich herum verlockend und faszinierend ist. Auch bin ich nicht bereit, so wie unsere Mütter zu resignieren. Doch ich muß mir klarwerden, an welchem Punkt ich jetzt hier angelangt bin.

Du kennst mich ja und erinnerst Dich sicher noch an die Diskussionen zu Hause mit unserem Vater. Ich war nicht gerade immer sehr differenziert. Nun stell Dir das Ganze einmal in einer fremden Sprache vor. Da ist es ganz schön schwer, sich durchzusetzen. Man ist auch nicht immer sehr diplomatisch, besonders wenn es um die Gedanken geht, die uns in unserem Innersten berühren. Und diesen Aristokraten gelingt es, Dich mit einem Lächeln davon zu überzeugen, daß Du im Unrecht bist. Mein Schwiegervater versteht so gut zu reden (er dichtet gelegentlich), daß ich ihm schon fast wegen seiner brillanten Rhetorik recht geben würde. Doch dann, ganz heimtückisch, beginnt der Zweifel an mir zu nagen. Wer hat recht, er oder ich? Ich verliere mein Selbstvertrauen, besonders auch deswegen, weil ich hier niemanden habe, dem ich mich anvertrauen kann. Gerade jetzt, im entscheidenden Augenblick, wo ich solche Anstrengungen mache, um mich an diese Kultur anzupassen, macht er auch noch das letzte bißchen, das mir bleibt, kaputt. Er will mich unbedingt auf seine Seite ziehen und erreichen, daß ich die Werte und Traditionen «seiner» Familie übernehme. Ich respektiere sie und ich respektiere ihn, aber ich will, daß das auf Gegenseitigkeit beruht. Meine Schwiegermutter, die von uns zärtlich «Mütterchen» (*petite mère*) genannt wird, ist über meine frechen Antworten ganz entsetzt. Als während des Krieges alle Verbindungen zu Deutschland unterbrochen waren, hat sie selber Medikamente und Salben aus den Pflanzen des Landes hergestellt.

Sie war neben einem anderen Deutschen die einzige Apothekerin in einem Land, das anderthalbmal so groß wie Frankreich ist... Die Leute nannten sie die «Wunderdoktorin». Außerdem hat sie ein Herz aus Gold. Als die Nonnen aus dem katholischen Krankenhaus sie um finanzielle Unterstützung baten, hat sie ihnen die ganze Kasse gegeben. Diese bemerkenswerte Frau nun hat nicht das Recht, bei der Zukunft ihres Sohnes ein Wort mitzureden. Der Vater, nur er allein, bestimmt. Sie bat mich darum, Vertrauen zu ihrem Mann zu haben. Er werde unsere Zukunft schon zu «unserem Besten» einrichten, und das Zusammenleben unter einem Dach werde nicht mehr lange dauern, versicherte sie mir.

Ich meinerseits bat sie darum, mir dabei zu helfen, unsere Liebe zu retten, denn unter den gegenwärtigen Bedingungen kann ich hier nicht länger leben. Darauf hat sie nicht geantwortet. Da verstand ich, daß sie nichts mehr sagen kann. Durch das Leben mit ihrem Mann ist sie innerlich wie abgestorben. Und ihr Sohn ist auf dem besten Wege dahin. Letzte Woche ist sie zum Ausruhen in ihre Ferienwohnung an der Atlantikküste gefahren. Sie kann diese drückende Atmosphäre und den ewigen Streit einfach nicht mehr ertragen. Ich nehme es ihr nicht übel, aber ich bin traurig.

Ich habe das Gefühl, daß mein Leben hier, in sehr abgemilderter Form, dem ähnelt, was die Schwarzen in diesem Land erleben: die eigene Identität zu verlieren, das Selbstvertrauen, das Recht, Verantwortung zu übernehmen und sein Leben selbst zu bestimmen. Ich verstehe sie immer besser. Moderne Paare machen ihre Probleme unter sich ab. Hier habe ich begriffen, daß ich mit meinem Schwiegervater sprechen muß, wenn ich meine lösen will. Gestern abend erst hatten wie eine «historische» Diskussion. Wir aßen im Eßzimmer zu Abend, das ich Dir noch gar nicht beschrieben habe: erlesene Möbel aus dem schlesischen Schloß, handbemaltes Porzellan, alles sehr fein, und sehr schöne französische Stiche aus dem 18. Jahrhundert an den weißgekalkten Wänden: die Flucht und Gefangennahme Ludwig XVI. in Varennes, die Erstürmung der Bastille, Napoléon Bonaparte. Zwei große Silberkandelaber erhellen jeden Abend unser Diner und verleihen ihm einen feierlichen Charakter. Es verbietet sich, hier in Jeans zu speisen, ich muß jedesmal richtig «angekleidet» sein, das heißt in einem Kleid erscheinen. Die Männer tragen Anzug mit Weste und Krawatte. Whity, in Schürze und weißen Handschuhen, bedient uns mit Ehrerbietung und Aufmerksamkeit. Dies ist das Afrika aus der Kolonialzeit, mit seinem ganzen Glanz und seinem Charme.

Sofort nach dem Essen ging ich zum Angriff über. Ich fragte meinen Schwiegervater, warum er sein Wort nicht halte. Als wir vor fast zwei Jahren Verlobung feierten, hatte er versprochen, daß Piet das Familienanwesen übernehmen solle, während er und seine Frau sich in ihr Haus nach Swakopmund zurückziehen würden. Seit mehr als einem Jahr seien wir nun schon verheiratet und nichts dergleichen sei geschehen. Sein Sohn verdient so wenig, daß unsere Bankschulden immer größer werden. Er sprang auf, scharlachrot im Gesicht, wie die Krebse, die wir bei Ripoteau in Frankreich immer gegessen haben.

«Du zweifelst an den Worten eines Ehrenmannes?»

«Was ist das, ein Ehrenmann?» Er sah mich fassungslos an.

«Seit einem Jahr lebst du als Ehefrau in einer preußischen Adelsfamilie, und du weißt immer noch nicht, was Ehrgefühl ist?»

Und dann mußte ich mir anhören, daß es für mich eine Ehre sei, Einlaß in eine solche Familie gefunden zu haben. Ich hätte nicht das Recht, an seinen Absichten für uns zu zweifeln, denn er wolle doch «unser Bestes». Woher nimmt er eigentlich die Berechtigung, ganz allein über unser Wohl zu bestimmen, ohne uns vorher zu fragen? Aber ich hatte nicht den Mut, ihm noch mal zu widersprechen, saß da, mit meinem Lexikon auf den Knien und suchte nach schwierigen Wörtern. Ich machte ihn darauf aufmerksam, daß sein Sohn mindestens ebensoviel Glück gehabt hätte, eine Frau wie mich gefunden zu haben. Schließlich sei ich bereit gewesen, meine Heimat, meine Familie und meine Kultur aufzugeben, hätte außerdem eine Universitätsausbildung (ich mußte ja nun auch meine Adelstitel aus der Tasche ziehen) und hätte ein Leben an der Seite seines Sohnes in diesem verlassenen Winkel von Afrika akzeptiert. Daraufhin herrschte Schweigen. Ich hatte Worte (Heimat, Familie, Kultur) benutzt, die ihm etwas bedeuteten. Ich rief ihm eine Bibelstelle ins Gedächtnis, in der es heißt, daß der Mann Vater und Mutter verlassen und seiner Frau folgen solle, um mit ihr eins zu werden, aber er tat so, als kenne er sie nicht. Da siehst Du, wie diese Leute sind, sie benutzen die Bibel nur, wenn es ihnen in ihren Kram paßt.

Aber ich habe weitergebohrt und ihn gefragt, warum er seinen schwarzen Angestellten monatlich nur sieben Rand bei «freier Kost und Logis» bezahle. Ich sei der Ansicht, daß das nur der Ausbreitung des Kommunismus in diesem Land dienen könne. Er machte mich unwirsch darauf aufmerksam, daß ich nicht wüßte, was Kommunismus sei und zu diesem Thema lieber schweigen solle. Aber sein Sohn hatte doch in den Siegelring zu unserer Hochzeit das Familienmotto gravieren lassen: «*Tantum bona causa triumphat*», «die gerechte Sache siegt». Er möge mir doch bitte erklären, wie es mit der gerechten Sache der Dompierre 1968 in Namibia stünde. Wie wollten wir überhaupt in einem Afrika der Veränderungen und Revolutionen überleben? Das war zu viel. Ich stellte sein gesamtes Lebenswerk in Frage und war doch nur ein Neuling, eine Ausländerin. Er erhob sich und verließ würdevoll das Speisezimmer. Seinem Sohn machte er ein Zeichen, ihm zu folgen. Ich blieb allein zurück. Die Gefolgschaft und Gefangennahme des Königs Ludwig XVI. in Varennes und die Erstürmung der Bastille leisteten mir Gesellschaft. Sie glänzten im geheimnisvollen Widerschein des Kandelabers, der sich in ihnen spiegelte.

Hatte diese Lektion ihnen also immer noch nicht genügt? Und der Verlust ihres schlesischen Schlosses, das jetzt polnische Waisenkinder beherbergte, hatte sie auch nicht eines Besseren belehrt? Wer würde sich in einigen Jahren in ihrem neuen Königreich gewaltsam niederlassen? Mitten im afrikanischen Busch hatte er sich seine Welt neu erschaffen, wie so viele andere auch. Er hatte ihr *sein* Wertesystem übergestülpt, das bestehende einfach ignoriert, als er hierherkam, um sein neues Vaterland zu suchen. Ich war vierzig Jahre jünger als er und war ihm doch zwanzig Jahre voraus. Noch vor zwei Jahren saß ich mit denen, die die Befreiung von Angola vorbereiteten und denen, die sie in Zaire durchgeführt haben, zusammen auf der Universitätsbank. Ich habe mit ihnen diskutiert, ihre Hoffnungen geteilt und ihren Haß verstanden, auch wenn mir ihre Methoden fremd waren. Ich wußte, daß die Namibier sich in Tansania organisierten und Stipendien von den Ostblockländern bekamen, weil der Westen sich nicht für sie interessierte.

Aber davon hat er, wie alle andern hier, natürlich keine Ahnung. Oder vielleicht wollen sie auch nichts davon hören. Auch Piet glaubt mir nicht. In meiner Naivität habe ich geglaubt, daß ich ihm bei seiner Entwicklung weiterhelfen könne. Ich bin ganz schön idealistisch. Wahrscheinlich muß erst Blut fließen, bevor auch er begreift.

Whity hat mich aus meinen trüben Gedanken gerissen, um mir guten Abend zu sagen. Ach, wie gern hätte ich ihm von unserem Streit erzählt und ihn gefragt, ob ich Recht habe oder sie. Aber die Sprache trennt uns, und dann ist er auch so wenig politisiert, daß er meine Fragen gar nicht verstanden hätte. Doch er spürte wohl, daß wir an jenem Abend eine wichtige Diskussion gehabt hatten, denn er gab mir die Hand, wie es zwischen den Bantus Sitte ist, Daumen um Daumen.

Heute, während ich schreibe, herrscht im ganzen Haus Totenstille. Piet hat mir meine Worte vorgeworfen. Ich sollte Vertrauen zu seinem Vater haben, wenn ich ihn wirklich liebte. Ich habe ihn darum gebeten, die Farm zu verlassen und solange anderswo zu leben, bis sein Vater sich entscheidet. «Das willst du doch wohl nicht im Ernst?» rief er aus. «Unsere Zukunft ist hier.»

Eine traurige Zukunft ist das: eine Revolution vor der Tür, ein herrschsüchtiger Vater, Schulden und die Hoffnung, eines Tages den Hof zu erben. Und wenn dieser Tag endlich da ist, wird es zu spät sein, dann haben die Schwarzen gewaltsam die Macht ergriffen, und wir müssen fliehen, wie Ludwig XVI.

Heute morgen habe ich einen Menschen gesucht, dem ich mich anvertrauen und über all diese Dinge sprechen kann. Mit Piet ist das unmöglich, er will nichts mehr davon hören. Am liebsten hätte ich das erste Flugzeug nach Europa genommen, aber ich sitze hier fest, ohne Geld und Auto. Da bin ich zur Mission von Otjiwarongo gegangen. Sie liegt im schwarzen Viertel, denn alles ist hier per Gesetz nach Rassen getrennt. Ich traf Schwester Maria in der Schule an. Sie ist 60 Jahre alt und hat ein schönes Gesicht. Sie hat ihre Examina in Geisteswissenschaften an einer deutschen Universität und in Oxford abgelegt. Nun unterrichtet sie an einer Höheren Schule für Schwarze. Eine Weiße hatte mir von ihr erzählt, die es absurd fand, Menschen mit solchen Fähigkeiten wie Schwester Maria die Erziehung von Schwarzen zu überlassen! «Lieber sollte sie weiße Kinder unterrichten...» Schwester Maria korrigierte gerade einen Stapel Hefte im Klassenraum. Ich ließ mich auf einer Schulbank ihrem Pult gegenüber nieder.

«Ich wußte, daß Sie kommen würden. Sie haben sicher Schwierigkeiten mit Ihrem Schwiegervater?» Ich war verdutzt.

«Woher wissen Sie das?»

«Er ist hier bekannt für seinen schwierigen Charakter. Seine Frau hat viel gelitten. Die deutschen Frauen sind zu unterwürfig. Machen Sie nicht den gleichen Fehler!»

Bravo, ehrwürdige Mutter! Wir haben stundenlang diskutiert und sind vom Hundersten ins Tausendste gekommen. Endlich jemand, der mich verstand, bei dem ich nicht immer in Verteidigungsposition war.

Sie versicherte mir, daß ich in eine besonders schwierige Familie geraten sei, die den drängenden Problemen genauso verschlossen gegenüberstehe wie die meisten Weißen hier. «Aber Sie haben einen guten Mann. Ich kenne Peter seit seiner Kindheit, nur Geduld, er wird sich ändern.» Zum Abschied habe ich sie umarmt. Ich habe wieder Mut geschöpft; ihr Humor war ansteckend gewesen. Der Gedanke, jemanden da zu haben, den ich immer um Rat fragen könnte, war beruhigend.

Als ich nach Hause kam, bat mich Piet in unser Zimmer. Er hatte eine Auseinandersetzung mit seinem Vater gehabt, der ihm mitgeteilt hatte, daß er uns für unfähig halte, den Besitz zu übernehmen, vor allem mich, die er des «Kommunismus» verdächtigte. Ich verstünde mich zu gut mit den Schwarzen. Piet war vom Verhalten seines Vaters schockiert. Ihm war klargeworden, daß sein Vater Herr im Hause bleiben wollte. Zum erstenmal habe ich Piet weinen sehen. Ich liebte ihn dafür. Ich fühlte mich für diese Katastrophe verantwortlich, denn ich hatte den Gesetzen des Milieus nicht gehorcht. Sein Vater hatte ihn zurückgewiesen. Aber, so traurig das auch scheinen mochte, ich hatte endlich das Gefühl, einen Mann zu haben, der mir gehörte. Ich war seit langem alleine, hatte den Sprung ins Unbekannte gewagt. Wir beschlossen, diesen Neuanfang mit der Gründung einer eigenen Familie zu besiegeln. Piet bat seinen Vater um einige Monate Aufschub, um eine Entscheidung treffen und eine andere Arbeit suchen zu können. Er hoffte wohl, die Geburt eines Kindes würde seines Vaters Meinung ändern. Ich wäre am liebsten sofort weggegangen.

Denk nur nicht, daß unser Fall einzigartig ist. Ich hatte von ähnlichen Beispielen schon gehört. Besonders auf dem Lande sind die Söhne ihrem Vater bis zu seinem Tod, zumindest aber bis sie selber genügend Geld für ein eigenes Besitztum haben, völlig untertan. Oder sie revoltieren offen und verlassen ihre Familie, ohne jemals wieder ein Lebenszeichen von sich zu geben. Zuerst kommt die Familie, dann das Individuum. Fast alle Weißen hier haben ein hartes Pionierleben um den Preis vieler Opfer hinter sich. Überleben ist alles! Was sie erworben haben, teilen sie nicht immer mit ihren Kindern.

Manchmal geben sie selbst dann nichts her, wenn sie halbe Millionäre sind. In manchen Familien herrscht zwischen Vater und Sohn eine gnadenlose Härte, die mir völlig fremd ist. Ich habe immer in einem behüteten Milieu und einem Land ohne Krieg gelebt, und nun mache ich zum erstenmal in meinem Leben die Entdeckung, daß ein Vater seinen Sohn nicht unbedingt lieben muß. Sicher findest Du mich naiv.

Ich habe mir den Kopf zerbrochen, um ähnliche Beispiele in unserem Bekanntenkreis zu finden, aber ich kenne keines. Das Leben hier scheint die geistigen Kräfte der Menschen völlig aufzusaugen, bis allmählich das Gesetz der Vergeltung oder des Dschungels die Oberhand gewinnt. Dann werden die Söhne nach Europa geschickt, um sich Frauen zu suchen, die das Blut erneuern und ihnen einen neuen kulturellen und geistigen Impuls geben können. Dafür erwarten sie von den Frauen, daß sie sich den Gesetzen ihres Milieus beugen. Das wiederum ist ihrerseits ganz schön naiv.

Ein neuer Anfang

Otjiwarongo, Oktober bis November 1968

Mit viel Diplomatie ist es Piet gelungen, seinen Vater davon zu überzeugen, daß ein Kind sie auf dem Hof nur stören würde: Wir haben also die Erlaubnis, in der Stadt zu leben (Piet ist dreißig, und ich bin sechsundzwanzig Jahre alt), bis Piet eine andere Arbeit findet. Er steht lange vor Sonnenaufgang auf und kommt nach Sonnenuntergang zurück. Das sind Tage voller Einsamkeit. Unsere Unterkunft ist abstoßend: sie liegt in einem Hinterhof. Der Besitzer hat einen *bottle store*, einen «Flaschenladen». Sein Geschäft floriert bestens, denn die Schwarzen betrinken sich jedes Wochenende. Auch die Weißen trinken viel. So habe ich oft das traurige Schauspiel des menschlichen Elends direkt vor Augen. Frauen und Männer verstecken sich hier hinten, um zu vergessen, daß sie zu einem geknechteten Volk gehören. Einige sind besinnungslos betrunken. Oft habe ich Angst, wenn Piet nach Einbruch der Nacht nach Hause kommt. Um neun Uhr erklingt das grelle Geheul einer Sirene. Das ist das Zeichen, daß die Schwarzen in «ihre Stadt» zurück müssen.

Die Unterkunft ist unhygienisch, voller Staub und Kakerlaken. Es schaudert mich, wenn ich plötzlich abends Licht in der Küche mache: Sie sind im Spülstein und sehen mich unverschämt an, bevor sie davonhuschen. Nachts träume ich von ihnen. Aber alle diese Unannehmlichkeiten sind den Preis der Freiheit schon wert. Ich bin glücklich. Endlich kann ich die beiden winzigen Zimmer nach meinem Geschmack einrichten und die Ankunft unseres Kindes vorbereiten. Ich mache Gelegenheitskäufe, leihe bei meiner Schwägerin oder meinen Schwiegereltern Möbel, die sie nicht mehr wollen, und streiche sie neu an. Hier finde ich ein wenig zu der Ruhe zurück, die die ersten Monate unseres Zusammenlebens kennzeichnete, aber um mich sind nicht mehr die weiten Ebenen, in denen sich der Blick verlor: doch was soll's, ich bin voller Schwung und entdecke das Leben eines kleinen Dorfes und seiner Einwohner.

Vorgestern kam Christophe auf die Welt. Ich habe immer davon geträumt, meinen Sohn so zu nennen, und Piet war einverstanden. Die Geburt ist gut verlaufen. Aber denk Dir, meinen Arzt hatte ich nie zuvor gesehen! Der mich während meiner Schwangerschaft betreut hatte, war in Urlaub. Sein Vertreter war Bure und sprach nur Afrikaans, so daß wir nicht miteinander kommunizieren konnten. Ich war etwas zurückhaltend. Es ist schrecklich, wenn man Vorurteile gegen Menschen eines anderen Volkes hat, aber der Rassismus dieser kranken Gesellschaft beginnt auch auf mich abzufärben. Ich hatte Angst vor ihm. Meine Befürchtungen haben sich jedoch nach und nach zerstreut: er hatte einen guten Kopf, wie ein Franzose, weißes Haar, Bürstenschnitt, väterliche Ausstrahlung. Zwischen den einzelnen Wehen habe ich Yoga-Atemübungen gemacht, das hat ihn schwer beeindruckt. So was hatte er noch nie gesehen. Hier entbinden die Frauen unter Heulen, und ihre Männer dürfen nicht dabei sein. Unentwegt sprach er mir Mut zu, fragte mich nach französischen Wörtern. Er hieß Du Plessis, hatte aber noch nie jemanden in meiner Sprache reden gehört. Ich vergaß ganz, daß ich Schmerzen hatte. Er erklärte mir, wie das Kind allmählich kam, aber ich habe nichts von all dem verstanden. Als Christophe geboren wurde, rief er: «*N' seun, n' seun!*» (ein Sohn, ein Sohn!). Er nahm das noch ganz glitschige Wesen in die Arme und teilte meine Freude. Sein Verhalten stand so im Gegensatz zu dem meiner Schwiegereltern. Daß er ein Vertreter der Apartheid war, kaum zu glauben! Ich fühlte mich wohl in seiner Anwesenheit. Seine Spontaneität hatte mir gut getan.

Dieses kleine Wesen ist wirklich das einzige, was ich auf Erden besitze, und ich drücke es heute abend fest an mein Herz und halte den Atem an, um es zu küssen. Fleisch von meinem Fleisch... Ich verstehe jetzt die Bedeutung dieser Worte. Er ist wirklich nicht schön, ganz zerknautscht, aber ich liebe ihn so sehr. Er wird diese Leere ausfüllen, die ich schon so lange spüre.

Fast das ganze Dorf feiert die Geburt dieses Sohnes, eines Sprößlings der Dompierre, doch mich hat man allein gelassen. Ich bin daran gewöhnt. Mein Schwiegervater hat all denen, die es wissen wollten, erklärt, daß er nicht katholisch getauft wird (sie sind lutherisch), sondern später, wenn er groß ist, seine Religion selber wählen soll. Wieder so ein ungelöstes Problem! Piet, der selber nicht zur Kirche geht, hat nichts gegen den katholischen Glauben, aber die Ehre muß gerettet werden! Sein Vater hat ihm mit Enterbung gedroht, wenn er gegen seinen Willen handelt, und hier schreitet man schnell zu Taten. Nach dem Familienrecht gibt es keinen Pflichtanteil für die Kinder. Ich werde also von Piet nicht verlangen, daß er sich gegen seinen Vater stellt, obwohl ich es bedaure, meinen Sohn nicht taufen zu können, denn ich bin gläubig. Ich habe den Vorschlag gemacht, ihn von einem lutherischen Pfarrer taufen zu lassen und ihn dann im katholischen Glauben zu erziehen, da ich den lutherischen Glauben ohnehin nicht kenne. Die Antwort war nein. Hier hält man nichts vom Geist der Ökumene.

Mein Zimmer quillt über von Blumensträußen. Der schönste Strauß stammt von einer Angestellten aus der Apotheke meiner Schwiegermutter, ein Feuerwerk von Weihnachtssternen, wie man sie in der Schweiz als Topfblume bei Migros bekommt! Außerdem noch andere, für mich unbekannte Blumen aus dieser Gegend oder Südafrika. Sie sind wirklich sehr schön. Ich betrachte sie immer wieder. Doch tagsüber wird meine Aufmerksamkeit ganz von einem Webervogel in Anspruch genommen. Neben meinem Fenster steht ein schöner Baum. Dort beobachte ich ihn, wie er liebevoll sein Nest baut, ein schönes rundes Nest. Er kommt und geht, und jedesmal kehrt er mit einem dünnen Zweig im Schnabel zurück. Als er gestern mit seinem Werk vollauf zufrieden war, ließ er es von seiner Liebsten begutachten. Aber sie hat alles zerstört und zu Boden geworfen. Wie dumm, dachte ich. Piet, der das Leben der Tiere gut kennt und ein begeisterter Leser von Konrad Lorenz ist, hat mir diese weibliche Launenhaftigkeit erklärt. Sie will damit die Liebe und Treue des Männchens testen, um sicher zu sein, daß er sich mit ihr zusammen um die Brut kümmert und sie nicht zu schnell wieder verläßt! Er hat also wieder von vorne angefangen, und noch verbissener als zuvor. Nun ist er fast fertig, und ich bin neugierig, wie es weitergeht... Ich habe mich gefragt, ob ich nicht wie dieses Weibchen gehandelt habe, als ich auf ein gemachtes Nest verzichtete. Aber ich hätte meine Kinder wirklich nicht in solch einer Atmosphäre großziehen können.

Dieser Krankenhausaufenthalt erlaubt mir, Bilanz zu ziehen. Ich nehme es Piet übel, daß er das Nest für unser gemeinsames Leben nicht besser vorbereitet hat. Er kennt mich doch! Es fällt mir leichter, mich an dieses Land als an meine Schwiegereltern anzupassen. In den Augen meines Schwiegervaters verkörpere ich alle Fehler: ich bin nicht adelig, nicht preußisch, nicht lutherisch, nicht wohlhabend. Ich bin arm, von katholischer Herkunft und Kommunistin! Er hätte sich zumindest darüber freuen können, daß mit mir wieder ein französisches Element in die Familie einzieht, das bringt ihn doch seinen Ursprüngen näher; aber zu diesem Thema hat er sich nicht geäußert. Er hat mir noch nie ein Kompliment gemacht, nicht einmal für den Sohn, den ich geboren habe. Dabei habe ich das Gefühl, daß ich dem Geschlecht der Dompierre einen Dienst erwiesen habe, indem ich ihnen frisches europäisches Blut zugeführt habe. Im übrigen zähle ich nicht. Das ist alles unendlich traurig, aber mach Dir keine Sorgen, im tiefsten Innern berührt mich das nicht. An mir selber zweifle ich nicht.

Jetzt beginnt mein Leben mit Christophe, für den ich die Verantwortung trage. Du weißt, daß Mutti kurz nach der Geburt gekommen ist. Sie hat uns ihre mütterliche Liebe und einen Koffer voller Geschenke mitgebracht! Sie war schockiert von unsern Lebensumständen, unserer ärmlichen Wohnung, Piets beruflicher Situation und hat mir vorgeschlagen, mit meinem Kind – und Piet, wenn er bereit ist – diese Umgebung zu verlassen und in die Schweiz zurückzukehren. Ich habe spontan abgelehnt, denn ich liebe Piet und sein Land. Irgend etwas Unwiderstehliches, schwer Erklärbares zieht mich hierher. Meinem Schwiegervater hat sie ihre tiefe Enttäuschung mitgeteilt. Ich glaube, daß ihm das zu denken gegeben hat. Diese unklare Situation kann nicht andauern. Da er den Platz nicht räumen will, was sein gutes Recht ist – wenn er es auch nicht hätte versprechen dürfen –, müssen wir eben gehen. Piet ist einverstanden. Die Geburt seines Sohnes hat ihm Mut gemacht. Er hat eine Stelle in einem großen Geschäft von Windhuk gefunden.

Wir sind zur Farm gefahren, um seinen Eltern auf Wiedersehen zu sagen. Whity und alle Schwarzen haben uns zur Geburt unseres Sohnes gratuliert. Sogar Philippine, die alte Herero-Frau ist gekommen. Mit der Pfeife im Mund hatte sie für uns so gut mit ihrem alten Kohlebügeleisen gebügelt! Sie wollte Christophe auf den Arm nehmen. Auch für sie ist das Leben ein Wunder, an dem sie sich freut, wie mein Arzt, der Bure. Der Abschied verlief schweigsam. Wir saßen um den Tisch im Salon und tranken eine letzte Tasse Tee zusammen. Ich hielt Christophe auf dem Arm. Als wir uns erhoben, um aufzubrechen, umarmte mich mein Schwiegervater zum erstenmal und drückte mich an sein Herz. Er wollte etwas sagen, brachte aber kein Wort über die

Lippen. Ich verstand, daß er sehr allein und der Gefangene seiner Prinzipien und starren Erziehung ist. Er war erschüttert. Seine blauen Augen waren feucht vor Tränen. Zum erstenmal hatte sein Sohn ihm die Stirn geboten. Wenn er wenigstens noch mit uns zu reden bereit gewesen wäre, hätte sich sicher alles eingerenkt, und ich hätte ihn geliebt.

Das Erwachen

Moselwein und Mozart

Windhoek, August 1971

Welch langes Schweigen zwischen uns! Wenn es einem gut geht, hat man weniger das Bedürfnis, sich mitzuteilen. Man lebt eben so vor sich hin. Und inzwischen hatte ich ja auch mein kleines Schweizer Intermezzo, bei dem Ihr Christophe kennenlernen konntet. Wenn man aus einem Land der Dritten Welt, wo man täglich mit den wesentlichen Überlebensproblemen in Berührung kommt, in die Schweiz zurückkehrt, kriegt man erst einmal einen Schock. Ich war entsetzt über die beinahe zudringlichen Auslagen der Konsumartikel in den Geschäften: zehn verschiedene Sorten Schokolade, Waschpulver, Küchenmaschinen, Autos. Und für all das bringt Ihr Euch bei der Arbeit um? Da kann ich mir was Besseres vorstellen. Bei meinem ersten Spaziergang durch die Straßen von Genf ist mir von den Autoabgasen ganz schlecht geworden, die engen Straßen und die dicht gedrängten Menschenmassen machten mich schwindlig. Zum Eingewöhnen brauchte ich zehn Tage. Ich fand die Schweizer zwar nett und liebenswürdig, aber es fehlte etwas: das Gespür für die Grenzenlosigkeit, die Abenteuerlust. Ich fühlte mich dank meiner Erfahrungen reicher als alle, die ich traf. Die Freunde hatten sich innerhalb von drei Jahren kaum verändert. Du übrigens auch nicht; Deine Familie war inzwischen größer geworden, und mit einer Mischung aus Freude und Neugier hat jeder von uns das Kind des anderen entdeckt: zwei Söhne, mit den Tessiner Augen unserer Mutter, doch Dein Sohn hat braune Haare und meiner ist blond, weil er ein halber Preuße ist. Wie glücklich war ich, die Tannenwälder wiederzufinden, gibt es hier doch nur mannshohes stachliges Gebüsch. Ich war auch ganz begeistert, das nachbarliche Burgund wiederzusehen, das zarte Grün der Weiden, die romanischen Kirchen und die schönen Häuser an den Biegungen einer Straße. Man spürt ganz deutlich das volle Gewicht der Geschichte, wovon man in Afrika nichts merkt. Ich habe sogar meine Liebe zu der Altstadt von Neuchâtel entdeckt, die mir während meiner Studentenzeit nicht so gefallen hat. Von all diesen Dingen muß man einmal getrennt gewesen sein, um die tiefe Bedeutung von Europa zu begreifen. Und ich habe dies alles damals in einer unüberlegten Anwandlung verlassen, ohne die Bedeutung dieser Reichtümer zu kennen.

Vor einigen Monaten bin ich nach Afrika zurückgekehrt, und inzwischen ist Antoinette geboren. Wir sind überglücklich, ein Sohn und eine Tochter! Sie ist schwieriger als ihr Bruder und weint sehr viel, man muß sich dauernd um sie kümmern. Nachts, wenn ich sie stille und alles im Haus ruhig ist, versuche ich mir ihr Gesicht als junges Mädchen vorzustellen und male mir die Diskussionen aus, die wir miteinander führen werden. In diesen Augenblicken der Ruhe erhellt ein wunderschönes Lächeln ihr Gesichtchen, aber wenn sie zornig ist, hält sie den Atem an und wird ganz violett. Das ist schon beeindruckend! Was sie wohl noch in Zukunft für uns bereithält?

Mein Leben hat sich vollkommen verändert, seit wir in Windhoek sind. Nachdem die Schikanen der Familie hinter mir liegen, werde ich endlich für die wirklichen Probleme des Landes wach. Piet arbeitet in einem großen Geschäft und hofft darauf, etwas Besseres zu finden. Für ihn, einen mit der Erde verwachsenen Mann, ist es nicht leicht, aber unser neues Glück entschädigt ihn. Um sein Gehalt etwas aufzubessern, gebe ich Privatstunden in Französisch für Kinder hoher Funktionäre der südafrikanischen Verwaltung, denn in den Schulen wird es nicht unterrichtet. Und da sie normalerweise nur vier oder fünf Jahre hier bleiben, möchten sie, daß ihre Kinder anschließend in Südafrika dem Französischunterricht folgen können. Der Unterricht begeistert mich nicht gerade. Lieber hätte ich mich mit Soziologie und politischer Ökonomie beschäftigt, aber ich habe darauf verzichtet, mich um einen Posten in der südafrikanischen Verwaltung zu bemühen, weil ich die Apartheidpolitik ablehne. Und dann möchte ich auch, offen gestanden, für die Kinder zur Verfügung stehen. Ich habe begonnen, Artikel für das ‹*Journal de Genève*› zu schreiben, das mich hier als Korrespondentin akzeptiert. In dieser Richtung würde ich gerne weitermachen. Auf unserer Farm waren die Beziehungen zu den Schwarzen paternalistisch, aber wir lebten im großen und ganzen nahe beieinander. Hier ist alles anders. Wie in dem kleinen Dorf Otjiwarongo sind die Schwarzen auch hier in einer *township* zusammengepfercht, nahe der Stadt der Weißen, wo sie tagsüber arbeiten.

Abends müssen sie gegen neun Uhr zurück, andernfalls werden sie von der Polizei festgenommen. Ihre Gesichter sind verschlossen, oft drücken sie Haß oder Angst aus, was ich auf dem Lande nicht feststellen konnte; dort habe ich sie viel singen gehört. Während dieser ersten Jahre hier war ich so mit meinen persönlichen Problemen beschäftigt, daß ich nicht genug herumreisen konnte, um die Situation im Land kennenzulernen.

Was die Zeitungen in Europa berichten, stimmt: die Schwarzen hier haben keine Rechte. Sie können nicht wohnen, wo sie wollen, sich nicht frei bewegen, nicht auf Versammlungen gehen, sie dürfen das Haus, in dem sie wohnen, nicht besitzen und dürfen sich nicht mit Angehörigen der weißen Rasse verheiraten. Aber José, mein kubanischer Arzt, findet eine solche Situation nicht katastrophal. Die Lage des Proletariats in anderen Ländern Afrikas sei noch schlimmer, sagt er. Die Schwarzen hier haben mehr materielle Vorteile, denn die medizinische Versorgung ist kostenlos, und Häuser und Schulen werden auf Staatskosten gebaut. Seiner Meinung nach werden die Menschenrechte in ganz Afrika und auch in Kuba – trotz der vorbildlichen Verfassung – mit Füßen getreten, und nicht nur in Südafrika. Seine Bemerkungen haben mich sehr verwirrt, überzeugen mich aber nicht davon, daß es nicht doch dringend geboten sei, mehr Gerechtigkeit zu fordern.

Windhoek ist eine richtige kleine Kolonialstadt. Sie wirkt immer noch sehr deutsch, wenn auch die deutsche Kolonialzeit 1925 offiziell zu Ende war. Es ist schon eine Überraschung, das kaiserliche Deutschland in einem Winkel von Afrika wiederzufinden. Die *Kaiserstraße* ist von kleinen Giebelhäusern mit verzierten Fassaden wie in Norddeutschland gesäumt. Auf dem Hügel über der Stadt steht eine lutherische Kirche aus «Lebkuchen», die an die Märchen der Gebrüder Grimm erinnert. Es gibt auch kleine rheinische Schlösser inmitten von stachligem Gestrüpp und Aloen zu sehen. Die Lädchen, die besten Geschäfte und Restaurants *«Zur Kaiserkrone»* sind alle in deutscher Hand. Ich gehe gern in die Bäckereien, wo es nach Brot duftet wie in den französischen Bäckereien. Hier gibt es bergeweise Kuchen, Berliner Pfannkuchen und Brezeln. Die deutschen Traditionen halten sich hartnäckig. Es gibt hier auch ein deutsches privates Gymnasium, das von Bonn finanziert, und ein Krankenhaus, das von deutschen Ordensschwestern geführt wird. Dagegen ist die gesamte Verwaltung südafrikanisch. Hier ist kein Schwarzer zu sehen, abgesehen von den *boys,* die den Tee servieren, den die Südafrikaner mindestens dreimal am Tag trinken. Sie haben ihre englischen Schulen und Afrikaans-Schulen, ihre Kirchen und Sportclubs (Tennis, Rugby, Cricket, Golf), ihre Männerclubs, den *Broederbond,* der dazu da ist, die Überlegenheit der Afrikaander-Kultur in ganz Südafrika und auch hier zu garantieren. Das ist eine sehr geschlossene Organisation, und man wird nur zugelassen, wenn man rein burisch und – so heißt es – moralisch einwandfrei ist. Es sind harte Männer, die mir Furcht einjagen, denn mit ihnen ist eine Auseinandersetzung selbstverständlich unmöglich; sie halten sich für die überlegene Rasse und haben infolge dessen immer recht. Sie machen mir Angst, und ich muß dabei an den Nietzsche-Satz denken, der etwa so lautet: «Seid hart und unnachgiebig, jede höhere Kultur gründet sich auf Härte.» Diese Haltung hat mit dazu beigetragen, daß die Nazis an die Macht kommen konnten. Das ganze Land ist von der südafrikanischen Herrschaft geprägt; es sind ja nicht nur die Gesetze, die die Menschen voneinander trennen, sondern gleichzeitig herrscht hier eine Strenge, eine Humorlosigkeit, ein Mangel an Phantasie und eine Lust am Tragischen, die alle Lebensbereiche durchtränken.

Ich habe eine neue Stelle als Französischlehrerin im privaten deutschen Gymnasium. Es entzückt mich nicht gerade, nur weißen Kindern Französisch beizubringen, ich hätte gern auch schwarze Kinder dabei, aber dieses verdammte Land gestattet keine gemischtrassige Erziehung. Ich tröste mich damit, daß ich mir sage, Französisch ist eine der Hauptsprachen Afrikas, und dieses kann eines Tages dem einen oder anderen nützen, um den Dialog mit dem übrigen Afrika zu führen.

In dieser von Bonn finanzierten Schule (achthundert Schüler) kommt die Hälfte des Lehrkörpers aus Deutschland. Diese Leute haben mein Alter und dieselben Ideen wie ich. Das tut gut, denn bis jetzt habe ich nur mit Menschen gelebt, deren Mentalität von der meinen sehr verschieden war. Aber ich spüre schon, daß es für mich auch der Beginn eines Dramas ist. Diese Lehrer sind «ausgewandert» (die Armen), ihre «Opfer» im Ausland berechtigen sie dazu, stattliche Gehälter, dazu noch alle möglichen Versicherungen und die Erstattung aller Kosten wie beispielsweise für die Schuluniform ihrer Kinder zu kassieren. Wenn ich ihre Absicherungen nach allen Seiten sehe, kann ich nur sagen, daß der bundesrepublikanische «Sozialismus» ganz schön paternalistisch ist. Meine Kollegen sind wie große Kinder, deren Leben ohne Risiko ist. Nachdem sie hier fünf oder sieben Jahre gearbeitet haben, kehren sie in ihre Heimat zurück und bauen ihr Traumhaus. Ich dagegen werde nach südafrikanischem Tarif bezahlt, bekomme also ein Drittel weniger als ein Mann und werde, bloß weil ich eine Frau bin, ausgenutzt. Nicht nur die Schwarzen werden ausgebeutet! Auf der einen Seite bin ich eifersüchtig auf das angenehme Leben dieser Kollegen, die nach Europa zurückkehren, andererseits habe ich keine Achtung vor ihnen, weil sie ihre linken Ideen nur zur Schau stellen, um ein gutes Gewissen zu haben, die Konsequenzen aber nicht tragen müssen, da sie zurückgehen. Ich habe mich gefragt, warum ich mich nicht von der Schweizer Technischen Entwicklungshilfe für die Dritte Welt habe herschicken lassen. Wahrscheinlich, weil ich so überstürzt, einer inneren, unklaren Eingebung folgend, weggegangen bin. Eine Wahnsinnstat, mit dem Ergebnis, daß ich das Schicksal der letzten Kolonialherren Afrikas teilen muß.

Der Direktor meiner Schule, Dr. Ehl, ist ein bemerkenswerter Mann; er ist ein Humanist, der seine Lehre aus dem Nationalsozialismus und dem Holocaust gezogen hat. Er versucht, in dieser Ausbildungsstätte der zukünftigen deutschen weißen Elite die Erziehungsgrundsätze des Anthroposophen Rudolf Steiner anzuwenden. Ein Anthroposoph bei den letzten Kolonialherren Afrikas! Du kannst Dir keine gegensätzlicheren Theorien vorstellen. Die eine versucht, die Gaben des Kindes zu fördern, anstatt sie zu ersticken, den angeborenen Sinn für Kreativität und Schönheit wachzurufen und die Betonung auf die Eigenverantwortung zu legen. Für die andere ist das Wesentliche die Disziplin, der Gehorsam, die Übermittlung auswendig gelernten und kritiklos aufgenommenen Wissens samt Prügelstrafe für die Widerspenstigen. Dr. Ehl wird keinen Erfolg haben. Seine Erziehungsvorstellungen sind aus den Ruinen Nazideutschlands geboren; er will aus den Schülern Menschen machen, die sich sehr früh ihrer Pflichten und Rechte bewußt werden. Die Deutschen hier haben die Ereignisse der Vergangenheit nicht miterlebt; sie sind Pioniere und wollen ihr eigenes System verewigen. Mit den Südafrikanern ist es nicht anders. Ich finde, daß Dr. Ehl recht hat, aber er kommt zwanzig Jahre zu früh. Ich spüre, daß die Menschen hier nur etwas begreifen werden, wenn sie gravierende Probleme bekommen. Er ist für mich der erste Mann im öffentlichen Leben, dem es am Herzen liegt, die Mentalität der Leute zu verändern und zu einer gewaltlosen Weiterentwicklung beizutragen. Das ist viel schwieriger als die Sprache der Waffen.

Ich bin froh, Kontakt mit der Jugend zu haben. Die jungen Leute sind nett und folgsam, aber der kritische Geist fehlt ihnen. Einerseits ist das angenehm, denn man hat das Gefühl, voranzukommen, andererseits ist das aber auch langweilig. Ein gesunder Mittelweg wäre gut. Dies ist die einzige Schule des Landes, an der Französisch unterrichtet wird. Eines Tages habe ich den Direktor aufgesucht und ihm vorgeschlagen, diese Sprache einzuführen. Da er frankophil ist, hat er sofort zugestimmt. Das ist schon ein starkes Stück. Wir sind hier in einem afrikanischen Land, und schwarze und weiße Kinder lernen Englisch, Afrikaans und Deutsch. Nur kein Französisch, das ihnen die anderen Länder dieses Kontinents zugänglich machen würde.

Unter meinen Schülern sind Angolaner, deren Eltern Kaffeeplantagen besitzen. Sie haben mich schon mehrmals in die Ferien eingeladen, aber bis jetzt mußte ich darauf verzichten, weil die Kinder noch zu klein sind. Ich werde sie in ein oder zwei Jahren besuchen. Diese Schüler sind besorgt; sie stellen sich eine Menge Fragen: «Warum gibt es bei uns eine Befreiungsbewegung? Was haben wir getan? Warum die Unabhängigkeit?» Ich kann ja nun keinen Kurs in politischer Ökonomie veranstalten, ohnehin ist es verboten, über Politik zu reden. Meine namibischen Schüler spüren unterschwellig, daß auch sie diese Probleme ereilen werden. Aber sie sprechen nie offen mit ihren Eltern darüber, wahrscheinlich ist es ihnen peinlich. Außerdem erzählt man ihnen pausenlos, daß der Fall Namibia nicht dem Fall Angola gleiche, wo alles in Veränderung begriffen sei, sondern Namibia an Südafrika angegliedert werde. Eine solche Kurzsichtigkeit verblüfft mich nun doch. Neulich habe ich zu meinen Schülern gesagt, daß dieses Land ein Recht auf die Unabhängigkeit habe und daß Abstimmungen dafür nötig seien. Sie starrten mich mit offenem Mund an, weil ich wie ein SWAPO-«Terrorist» sprach. Plötzlich waren sie verlegen und ich auch. Sie taten mir leid wegen all der Lügen, die ihnen zu Hause höchstwahrscheinlich aufgetischt werden. Sie werden von ihren Eltern überhaupt nicht auf die Auseinandersetzung mit der Zukunft vorbereitet. Sie wissen nichts über die Geschichte Afrikas. In erster Linie lernen sie südafrikanische Geschichte und etwas über Namibia und Europa, aber daß zwischen 1960 und 1973 ungefähr zwanzig afrikanische Staaten unabhängig geworden sind, wissen sie nicht. Natürlich gibt es Ausnahmen. Die namibischen Deutschen nehmen eine zwiespältige Position ein: mit einem Bein sind sie in Deutschland, mit dem andern hier, und nie weißt du genau, wo sie mit ihrem Herzen sind. Mit den Buren ist das ganz anders. Ihr Herz ist in Südafrika, und Namibia ist Südafrika. Sie engagieren sich politisch. Das ist wenigstens eine klare Angelegenheit! Ich finde, daß sie stärker politisiert sind als die Deutschen, die mir auf diesem Gebiet eher feige vorkommen.

Als ich versuchte, den älteren Schülern die Grundlagen der französischen Literatur und Zivilisation zu erklären, wurden mir plötzlich der Reichtum und die Werte meiner eigenen Kultur deutlich, deren ich mir noch nicht so bewußt war, als ich hier ankam. Erinnerst Du Dich? Ich habe Dir davon geschrieben. Alles hatte ich über Bord geworfen. Ich frage mich jetzt, ob diese Reaktion nicht ein wenig extrem gewesen ist. Vielleicht bedarf es der Reibung an den fremden Kulturen, um die eigene besser in all ihrer Tiefe ermessen zu können.

Die namibischen Deutschen vergessen ihre *Kultur* nicht, das kann ich Dir versichern. In Windhuk wie in Johannesburg gibt es dieselben Konzertveranstaltungen. Jedes Jahr bringt eine Theatergruppe ein Theaterstück oder eine Oper zur Aufführung: Dann feiern sie hier auch Karneval und das Oktoberfest! Aber das Erstaunlichste ist zweifellos der *Basar* in dem Gymnasium, an dem ich unterrichte. Jedes Jahr im September organisiert die Schule eine Art großes Volksfest. Alle höheren Klassen haben ihren eigenen Stand und verkaufen Dinge, die entweder die Schüler selbst oder ihre Mütter hergestellt haben. Dann gibt es noch ein Marionettentheater, einen Zoo, einen Bootswettkampf im Schwimmbassin der Schule, einen Stand mit Crêpes, Pizza und einen, an dem Hühnchen verkauft werden. Die Mütter haben das ganze Jahr über genäht, gestickt, gebastelt und tausend hübsche und nützliche Dinge hergestellt. Die Farmer schleppen ganze Antilopen an, und ihre Frauen bringen gutes Landbrot, Kuchen, Marmelade, Honig und Feigensirup. Das ist schon ein einzigartiges Schauspiel! Alles arbeitet, um die Schulfinanzen wieder flottzumachen, denn die Gelder aus Bonn reichen nicht aus. Junge und Alte, Männer und Frauen, Linke und Rechte, aristokratische Kolonialherren und demokratische Pioniere – alle sind miteinander solidarisch, wenn es um das Überleben der deutschen Kultur geht.

Dieses Talent, etwas aus dem Nichts hervorzuzaubern, besitzen auch die Buren, die ebensolche *Basare* veranstalten. Die meisten meiner Schüler haben den gleichen Pioniergeist wie ihre Eltern, das macht sie mir sympathisch. Sie haben hier offenbar kaum sexuelle und Drogenprobleme, treiben viel Sport, begeistern sich für gute Werke im Pfadfinderstil oder helfen in Krankenhäusern. Aber merkwürdigerweise sind sie für die Probleme der schwarzen Bevölkerung überhaupt nicht offen. Es fehlt ihnen auch an einer gewissen intellektuellen Neugier. Sie stellen sich keine philosophischen Fragen. In ihrem Alter haben wir die Philosophen des Existentialismus gelesen, erinnerst Du Dich?

Außer dem *Basar* gibt es hier noch ein anderes ungewöhnliches Ereignis: die Musikwoche in Swakopmund. Von der kleinen, hinter Dünen versteckten Stadt an der Atlantikküste habe ich dir noch nicht erzählt. Sie hat sich den ganzen «kolonialen» Charme der Jahrhundertwende bewahrt. Es ist schon wunderschön, wie es den Deutschen gelungen ist, ihre Gebäude im Stil der alten Hansestädte zu erhalten: es gibt noch ein altes *Amtsgericht,* das *Gefängnis,* das *Woermann Haus* (deutsche Seelinie für die Ostküste Afrikas) und die lutherische Kirche mit Schindeldach. Die Straßen sind staubig, und wenn es regnet, was selten genug vorkommt, kann man unmöglich Auto fahren. Swakopmund ist eine Oase aus Palmen, blühenden Gärten und Bänken mit Blick aufs Meer, die zum Meditieren einladen. Dort kommen junge Deutsche, die ein Instrument spielen, einmal im Jahr, im Dezember, als Orchester zusammen. Unter der Leitung eines Dirigenten, der im allgemeinen aus Deutschland anreist, spielen sie die schönsten Stücke von Bach, Mozart, Vivaldi, Telemann, Händel und Haydn. Das ist wie eine Fata Morgana in der Namib-Wüste.

Ich muß Dir gestehen, daß ich nie begriffen habe, wie solch ein Volk von Musikfreunden sechs Millionen Juden eigenhändig ins Schlachthaus führen konnte. Ich habe dieses Thema einmal bei meinen Schwiegereltern angeschnitten, denn ich wollte in dieses für uns doch unverständliche Geheimnis eindringen, aber mir wurde schnell klar, daß dies Thema zu heikel war. Sie versuchten, mir zu erklären, warum die Juden untragbar geworden waren. Ich habe es vorgezogen, mich zurückzuhalten.

Laß mich Dir ein amüsantes Zwischenspiel schildern. So bekommst Du am besten einen Eindruck von den verschiedenen Welten in Windhoek und der *Kultur*. Schon vor einiger Zeit waren wir zu einem relativ ungewöhnlichen Empfang eingeladen. Zu Ehren seiner Königlichen Hoheit des Prinzen Ferdinand von Preußen hatte der Baron von Prittwitz und Gaffron die gesamte in Namibia seßhafte Aristokratie des Hauses Preußen eingeladen. Du kennst ja die Deutschen und ihr Bedürfnis, sich anzupassen! Oh, was haben sie sich vorher verrückt gemacht: welche Kleidung die passendste sei, wie man Seine Hoheit wohl anreden solle, ob die Damen einen Hut, Handschuhe oder gar Strümpfe tragen müßten (es war doch so heiß...), ob lange oder kurze Kleider angemessen seien und ob sie einen Knicks machen sollten. Das hat mich sehr amüsiert, denn ich bin Demokratin. Aber ich habe das Spiel mitgemacht, um Piet einen Gefallen zu tun, und Du weißt ja auch, daß ich von Natur aus neugierig bin. Dann kam der große Augenblick: wir wurden Seiner Hoheit vorgestellt, die unsere Familie kennt. Er lächelte mich freundlich an, und ich habe zurückgelächelt. «Ihre Frau ist keine Deutsche?» fragte er meinen Mann. «Nein, Eure Hoheit, sie kommt aus der französischen Schweiz.» Es entstand ein Schweigen. Er dachte sicherlich an seinen Sohn, der gerade den Klatschspalten Stoff geliefert hatte durch ein Techtelmechtel mit einer Französin. Danach nahm er die Unterhaltung mit Piet wieder auf, mit mir hat er nicht mehr gesprochen. So hatte ich Muße, ihn zu beobachten: ein schöner Mann, groß, graue Schläfen, aber einen melancholischen und strengen Gesichtsausdruck, die gleiche steife Haltung wie mein Schwiegervater. Das ist wohl sehr preußisch. Wir haben uns dann unter all die Barone und Baroninnen, Grafen und Gräfinnen, Freiherren und Freifrauen gemischt, Handküsse verteilt und steife Verbeugungen bzw. Knickse gemacht. Ich nahm die tiefen Dekolletés der Damen in Augenschein, die aus den verlorenen Schlössern und aus Kommunistenhänden gerettete Juwelen trugen. Mehrere stellten sich mir vor, sie wollten endlich die Bekanntschaft dieser «Französin» machen, die einen der ihren geheiratet hatte. Ich wiederholte ihre Namen und Titel und entstellte sie dabei etwas, aber was soll's, ich fand allmählich Geschmack an der Unterhaltung mit ihnen. Das trug mir Seitenblicke von meinem (zur Hälfte) preußischen Ehemann ein, der mich am Ärmel zupfte, um mich zum Schweigen zu bringen. Einige hatten ihre Jugend in Schweizer Internaten verbracht und sprachen wirklich ein bewundernswertes Französisch.

Wir aßen *petit fours*, meine ersten in diesem Winkel Afrikas. Der Moselwein floß in Strömen. Er schmeckt ein wenig fruchtig wie der elsässische Wein. Im Grunde befanden wir uns in Deutschland – nicht in jenem des Bundeskanzlers Helmut Schmidt, sondern im Deutschland Friedrichs von Preußen, der Voltaire so sehr schätzte und nur Französisch sprach. Das kam mir genauso eigenartig vor wie mein erstes Weihnachtsfest im Busch inmitten der Schloßmöbel, erlesenen Porzellane und unschätzbaren Stiche. Aber auch dies war wieder eine der vielfältigen Realitäten dieses Landes.

Ananias, der «Terrorist»

Januar 1972

Michel, sie kommen, sie kommen, die «Befreier» Namibias, die sie hier als «Terroristen» bezeichnen! Sie haben südafrikanische Soldaten getötet, die in Ovamboland symbolisch einen Posten hielten, und traditionelle Häuptlinge mit ihren Frauen und Kindern umgebracht. Es ist so entsetzlich! Warum töten sie auch Unschuldige? Sicher kannst Du Dir die Panik hier vorstellen. Das ist ein unsanftes Erwachen für die meisten. Die Leute sind außer sich. Es ist das Gesprächsthema in allen Familien, Kirchen und Institutionen. «Warum haben wir Terroristen in Namibia? Wovon wollen sie das Land denn befreien? Es geht uns doch gut hier.» Niemandem von ihnen kommt die Idee, daß sie dafür verantwortlich sind; daß sie und ihr Lebensstil, die täglichen Demütigungen und die Apartheid der Anlaß dafür sind, daß die Männer zu den Waffen gegriffen haben. Wir schreiben das Jahr 1972, und sie haben immer noch nicht begriffen, daß sie die letzten Kolonialherren Afrikas sind! Auf ihrer Seite haben sie das Recht und natürlich Gott: *«Gott mit uns!»* Die anderen sind die «Terroristen». Das ist die Heuchelei der Pharisäer.

Dieser Vorfall erhält noch mehr Gewicht durch einen Streik, der das ganze Land lähmt. Das ist in der Geschichte Namibias noch nie dagewesen. Man hielt die Schwarzen immer für gefügig, unterwürfig und in ihr Schicksal ergeben. Alles lief so gut! Im Augenblick fordern 5000 Ovambo, die größte ethnische Gruppe hier, die Abschaffung des Arbeitsvertrages, der sie zu halben Sklaven macht: lächerlich niedrige Löhne, eine auf achtzehn Monate festgelegte Arbeitsperiode, Schwierigkeiten, wenn sie sich selber ihren Arbeitgeber aussuchen wollen, und darüber hinaus haben sie noch nicht einmal das Recht, ihre Familien mitzunehmen, von anderen Schikanen einmal abgesehen. Die zuständigen Behörden haben die Sache natürlich heruntergespielt. Der Staat hat ganze Eisenbahnzüge mit Streikenden in den Norden transportieren und Arbeitskräfte aus dem Süden kommen lassen, damit die Arbeit in den Minen weitergehen kann. Natürlich auch um den Ovambo zu zeigen, daß man auf sie nicht angewiesen ist. Die lutherische, anglikanische und katholische Kirche haben die Streikenden unterstützt, was ihnen gleich den Vorwurf eintrug, kommunistisch zu sein. Das ist übrigens ein Schlüsselbegriff geworden: alle, die nicht auf Seite der Weißen stehen, sind Kommunisten. Sie machen es sich ein bißchen sehr leicht.

Die südafrikanischen Behörden verstehen plötzlich, daß der Wind des afrikanischen Nationalismus durch Namibia bläst. Der Rhythmus ist beeindruckend, mit dem in der UNO eine Resolution nach der anderen verabschiedet wird: Verurteilung der illegalen Anwesenheit Südafrikas in Namibia, Anerkennung der SWAPO «als einzige authentische Repräsentantin der Völker Namibias» (sie tragen ein wenig dick auf), Sanktionsdrohungen gegen Südafrika.

Du wirst es nicht glauben, aber die Südafrikaner machen sich über die UNO lustig. Sie nehmen diese Organisation, in der alle Völker der Welt vertreten sind, nicht ernst. Gestern habe ich ranghohe Weiße gefragt, warum ihrer Ansicht nach die UNO bei den Angelegenheiten Namibias mitzureden hätte. Sie konnten mir keine Antwort geben! Da siehst Du mal, wie schlecht die Leute hier über Einzelheiten des Landes informiert sind, das ein Territorium mit internationalem Status ist und eigentlich unabhängig sein sollte.

Ich habe den Eindruck, daß man die Wahrheit vertuscht. Beim Wort «Unabhängigkeit» biegen sie sich vor Lachen. «Sie träumen wohl, dieses Land wird nie unabhängig sein, es gehört zu Südafrika.» Sind sie naiv, oder bin ich es? Und doch hat der Generalsekretär der UNO, Kurt Waldheim, höchstpersönlich dem Land einen Besuch abgestattet. Er ist zwar nur ein paar Tage geblieben, aber danach hat er Alfred Escher, einen Schweizer Diplomaten, geschickt, um dem Problem auf den Grund zu gehen und Voraussetzungen für die Unabhängigkeit des Landes zu schaffen. Dieser Diplomat hatte dann in Windhuk Freunden gegenüber geäußert, daß er die Komplexität der Probleme unterschätzt habe. Die Schwarzen schienen ihm zu rückständig zu sein, um in die Unabhängigkeit entlassen zu werden. Aber wann ist man denn reif für die Freiheit? Ist es nicht gerade die Ausübung dieser Freiheit, die den Menschen die Reife gibt? Und wen trifft denn die Schuld der Rückständigkeit der Schwarzen? Mit den Schwarzen über Politik zu reden, ist ja verboten, zumindest macht man sich gleich verdächtig. Sie werden absichtlich über das internationale Problem Namibia in Unwissenheit gehalten. Das bedeutet, daß die UNO ihnen gemeinsam mit Südafrika die Unabhängigkeit geben muß. Und dann sagen Dir die meisten Weißen, mit denen Du sprichst, daß das Land Südafrika einverleibt werde, da es von ihm total abhängig sei. Doch immerhin ist es dem Schweizer Diplomaten gelungen, die Bildung eines «beratenden Ausschusses» auszuhandeln, der die traditionellen Häuptlinge des Landes vereinigen soll, die dann ihrerseits vom südafrikanischen Premierminister Vorster konsultiert werden sollen.

Als der Schweizer dann, ohne einen festen Zeitplan für die Unabhängigkeit in der Tasche zu haben, nach New York zurückkam, hat man ihn ganz höflich entlassen... Das sind offensichtlich die Methoden der UNO.

Nach dem Streik durften die Ovambo ihre Arbeit nicht wieder aufnehmen, weil ihre Arbeitgeber befürchteten, es mit Kommunisten zu tun zu haben. Manche Ovambo haben deshalb an unsere Tür geklopft und Arbeit gesucht oder einfach nur um etwas zu essen gebeten. Sie waren «Illegale», weil sie keine feste Arbeit hatten. Die Polizei war hinter ihnen her, wenn sie sie erwischte, wanderten sie ins Gefängnis oder mußten eine Geldstrafe zahlen, die sie natürlich nicht zahlen konnten; danach wurden sie wieder nach Ovamboland im Norden zurückgeschickt. Anfangs habe ich sie den Garten gießen oder jäten lassen, damit sie wieder ein wenig von ihrer Würde zurückbekommen. Aber mit der Zeit sah in meinem Garten alles so perfekt aus, daß ich nicht mehr wußte, welche Arbeit ich ihnen geben sollte. Ich mußte lernen, nein zu sagen und gestandene Familienväter wegzuschicken. Oft ging mir das sehr nahe.

Bei einer solchen Gelegenheit habe ich Ananias (sie tragen fast alle biblische Namen) kennengelernt. Ich war beeindruckt von seinem intelligenten und entschlossenen Blick, seinem Alter – er mußte so um die Fünfzig sein – und seiner würdevollen, gelassenen Ausstrahlung. Trotz seiner dunklen Haut wirkten seine Gesichtszüge asiatisch. Früher hatte er bei einem Pfarrer der Reformierten Kirche gearbeitet, aber das hatte ihm nicht gefallen, und er suchte nach Möglichkeit Arbeit in einer «ausländischen» Familie. Er stand an der Schwelle, und ich zögerte. Ein Mann für die Hausarbeit! Ich hatte ein wenig Angst. Konnte ich ihm überhaupt vertrauen? Piet war oft auf Reisen. Und die «Terroristen» stammten alle aus Ovamboland! Ich dachte an den

Buschmann, der mir das Gewehr von der Schulter genommen hatte. «Madame, ich habe zehn Kinder.» Ich bat ihn hinein. So begann unser gemeinsames Abenteuer.

Ananias kümmert sich um alles mit sehr viel Sachverstand. Man sieht, daß er diesen Job schon lange macht. Er wäscht, poliert, bügelt, putzt und macht Näharbeiten, ohne daß ich ihn um etwas bitten müßte. Ich bringe ihm bei, wie man Pommes frites und Pizza macht. Abends setzt er seine runde Goldbrille, ein Geschenk des Pfarrers, auf und liest in der Bibel. Ich bin von ihm beeindruckt. Er versteht einige Worte Afrikaans, so daß ich ihm Fragen zu seinem Leben, seiner Familie und seinem Land stellen kann. So habe ich erfahren, daß er als Kind oft Hunger gelitten hat, daß er einen *kraal* besitzt, ein Pfahlhaus mit einem Strohdach, inmitten von einem Labyrinth aus Gängen, zur Abschreckung eines möglichen Feindes, daß er Kühe, Ziegen und Hühner hat. Seine Schwester hat offensichtlich eine große Bedeutung, und er ist für ihre Kinder verantwortlich. Er ist wie ihr Vater, denn die Verwandtschaft wird über die Linie der Frau, der Lebensspenderin, weitergegeben. Auch sonst haben sie strikte Regeln in ihrem Leben, Vergewaltigung zum Beispiel wird schwer bestraft. Die Frauen haben einen regen Anteil am Gemeindeleben in Ovamboland und sind nach den Worten Ananias' sehr geachtet. Ja, wirklich, eine Gesellschaft hat ein ganz anderes Gesicht, wenn die Frauen etwas zu sagen haben! Was hat man in Europa seit der Renaissance aus der Frau gemacht? Man hat alle ihre Fähigkeiten verleugnet, man hat eine Industrie- und Technokratengesellschaft aufgebaut, für die ihre Tugend der Selbstverleugnung und ihre Opferbereitschaft in den Himmel gehoben wurden. Im Mittelalter hatte die Frau mehr Einfluß. Ich brauche wohl nicht extra zu erwähnen, daß die weißen Frauen hier nichts zu sagen haben. Außerdem sind sie ihrem Manne völlig untertan, «weil die Bibel das so will».

Ananias scheint einen Sinn für die Großfamilie, das Gemeindeleben und den Ahnenkult zu besitzen. Zum erstenmal seit meiner Ankunft in diesem Land habe ich jemanden vor mir, der mir das traditionelle Afrika des nördlichen Namibia enthüllt, das weniger von der Kolonisierung betroffen ist; dort oben gibt es keine Kolonialherren und Missionare, nur den Ansatz einer südafrikanischen Verwaltung. Ananias kann lesen und schreiben und ist stolz darauf. Vier Jahre lang hat er die Schulbank gedrückt. Er arbeitet hauptsächlich, um seinen

Kindern die Möglichkeit zu geben, die Schule zu besuchen, die sehr weit von seinem *kraal* entfernt liegt. Darum muß er sie im Internat unterbringen. Es kostet ihn zwar nur eine recht bescheidene Summe, aber außerdem muß er noch die Uniform und die Schuhe kaufen und die Kinder während der Ferien ernähren. Du solltest einmal hören, mit welchem Respekt er von der Schule spricht! Das ist etwas anderes als die ewigen Kritiken der Eltern in Europa, die die Lehrer für die schlechten Noten ihrer Sprößlinge verantwortlich machen. Für ihn ist die Schule der Weg zur Freiheit. Wie ich Dir schon geschrieben habe, bezahlt er auch für die Kinder seiner Schwestern, in erster Linie für Theophilus, einen anziehenden Jungen, der gerade sein Medizinstudium in Südafrika begonnen hat. Ich habe ihm meine Hilfe angeboten. Ich kann ja ein oder zwei zusätzliche Französischstunden für die Kinder der südafrikanischen Beamten geben. Theophilus, der vor kurzem hier war, hat jenen berühmten grünen Sweater geerbt, den ich vor unserer Hochzeit für Piet gestrickt habe. Ich glaube, damals hast Du mich zum erstenmal mit solch einer Arbeit gesehen! Er zitterte vor Kälte, und Piet hat dieses Meisterwerk meiner Liebe ohnehin nie getragen...

Unter anderen Umständen wäre Ananias wohl ein hervorragender Anwalt oder Richter geworden. Er regelt für all seine Freunde alle Arten von Konflikten und hat einen ausgeprägten Sinn für Gerechtigkeit und die menschliche Würde. Leider ist er wegen seiner fehlenden Ausbildung dazu verurteilt, meinen Haushalt zu führen. Erst seit einigen Jahren haben die Schwarzen Zugang zum Studium. Ananias wohnt in einem Nebengebäude im Garten, im Haus darf er nicht schlafen. Aber wenn wir abends ausgehen, richten wir ihm ein behelfsmäßiges Bett im Salon, damit er auf die Kinder aufpassen kann. Oft trinken wir tagsüber am Küchentisch zusammen Kaffee und schwatzen. Er lernt bei Christophe Französisch, der ihm, auf seinen Knien sitzend, seine Kinderbücher erzählt. Kürzlich war ich verzweifelt, weil Antoinette nicht zu weinen aufhörte. Ich konnte ihr noch so gut zusprechen, auf meinen Rücken nehmen und sie herumtragen, nichts half. Feierlich kündigte Ananias mir daraufhin an, daß er sie zum Schweigen bringen würde. Er hat ein großes Küchenmesser geholt und ist auf sie zugegangen. Ich bin vor Schrecken aufgesprungen, als er drohte, ihr den Hals abzuschneiden, wenn sie nicht still wäre. Sie hat sofort aufgehört und machte lange keinen Mucks mehr. Ich überlasse es den Psychologen, über die «psychoanalytischen» Folgen solcher Erziehungsmethoden zu debattieren. Er jedoch hatte Erfolg gehabt, wo ich seit Wochen gescheitert war.

Diese Art von intimem Umgang zwischen Ananias und uns ist per Gesetz verboten, und wenn mich jemand denunzieren würde, bekäme ich Ärger mit der Polizei. In meinem eigenen Haus habe ich nicht das Recht, ihn wie meinesgleichen zu behandeln, oder schwarze Freunde einzuladen – wenn man überhaupt welche hat, was sehr schwierig ist, weil alles kontrolliert wird. Das ist alles so absurd! Wenn ich ihn von den Toten und den Lebenden, die in sein Leben verwoben sind, sprechen höre, wenn ich ihm zusehe, wie respektvoll er das Essen verzehrt, das ihm jemand gegeben hat, weil er hungrig war: wenn ich spüre, welche Bedeutung das Heilige für ihn hat, frage ich mich, ob er nicht über Werte verfügt, die wir in Europa verloren haben und in unserer Gesellschaft des Habens wiederzufinden versuchen. Ich frage mich, wer denn eigentlich die «Barbaren» sind. Ach, wenn Du wüßtest, wie sehr er Europa bewundert! In seinen Augen ist es das Paradies, weil die Weißen dort keine Rassisten sind! Diese Illusionen habe ich ihm allerdings zerstört. Wenn er wüßte, welche moralische Wüste sich hinter diesem Schaufenster des Westens auftut. Aber das kann man schlecht jemandem erklären, der nicht in dem für uns selbstverständlichen Wohlstand lebt. Er ist reich an vielen Dingen, aber er weiß es nicht, weil die ihn beherrschenden Gesetze alles daransetzen, aus ihm ein minderwertiges Wesen mit Komplexen zu machen. Dabei bereichert er unser ganzes Leben.

Einmal haben wir morgens beim Kaffee über Politik diskutiert. Ein schwarzer Pfarrer aus der lutherischen Kirche von Ovamboland war gerade mit seinen beiden Helfern auf einer Mine in die Luft gegangen. Ich verstand diese Handlungsweise der Guerillakämpfer der SWAPO – der Befreiungsbewegung – gegen einen der ihren nicht und war überrascht, als Ananias mir sagte, daß nicht unbedingt alle Schwarzen für die Unabhängigkeit des Landes seien. Einige seien sogar von Südafrika bezahlt, um die Verdächtigen zu denunzieren. «Es ist ihnen wichtiger, sich zu bereichern», sagte er.

«Und du, auf welcher Seite stehst du?»

«Ich sympathisiere mit der SWAPO.»

«Aber wie kannst du mit all ihren Grausamkeiten einverstanden sein, wenn du sonst so friedlich bist?»

«Aber ich bin doch gar nicht damit einverstanden. Nur haben wir gar nicht die Wahl, wenn wir die Unabhängigkeit wollen, denn die Südafrikaner verstehen keine andere Sprache.»

«Aber ihr werdet die Unabhängigkeit schon bekommen, es wird mit der UNO gerade darüber diskutiert.»

«Man muß Südafrika zwingen, sonst werden wir nie frei. Außerdem weißt du, daß die südafrikanischen Soldaten auch Grausamkeiten gegen die Zivilbevölkerung verüben.»

Ich war perplex. Der sonst so sanfte Ananias zeigte offen seinen Zorn. Er wußte sehr gut über die aktuelle politische Situation Bescheid. Wenn Piet das erfahren würde, schickte er ihn fort, um keinen Ärger mit der Polizei zu bekommen, die eine regelrechte Hexenjagd veranstaltet. Ich fragte mich, ob er uns nicht eines schönen Morgens die Kehle durchschneiden würde. Aber indem er mir von seinen Sympathien für die SWAPO erzählt hatte, war er ein Risiko eingegangen; ich hätte ihn leicht denunzieren und von der Polizei verhaften lassen können. Und er wußte das. Ich habe geschwiegen, und es bleibt ein Geheimnis zwischen uns. Ich habe nicht den Eindruck, einen «Terroristen» bei uns zu haben, doch seit den Terroranschlägen im Norden schläft Piet immer mit einer geladenen Pistole auf dem Nachttisch. Er wollte mir auch eine geben, aber ich habe abgelehnt. Ich habe Angst, daß ich sie eines Morgens vergesse und die Kinder sie entdecken.

Der Sturm des Nationalismus

Oktober 1975

Michel, die Dekolonialisierung Namibias hat begonnen! Du wirst es nicht glauben, aber es ist so. Welch ein Ereignis! Vor acht Jahren bin ich hier angekommen, und damals erschien alles auf ewig unveränderbar. Die koloniale Ordnung herrschte in all ihrem Glanz und ihrer Selbstsicherheit. Vor einigen Wochen haben sich Weiße mit Schwarzen und Farbigen an den Konferenztisch gesetzt, um gemeinsam über die Zukunft des Landes zu sprechen! Einfach unvorstellbar! Verstehst Du, welch ein Fortschritt das ist? Ich hatte Dir ja schon geschrieben, daß die Dinge hier weiter sind als in Südafrika. Das ist wirklich revolutionär für ein Land der Apartheid; Du kannst mir glauben, daß sich dadurch in zwanzig Jahren selbst das Gesicht Südafrikas ändern wird. Piet und ich haben Champagner getrunken, um diese gute Neuigkeit zu feiern.

Leider nimmt die SWAPO nicht an der *Turnhallenkonferenz* teil, weil sie von Südafrika organisiert und nach dem Prinzip der Stammesgruppen aufgebaut ist. Daraus folgt, daß alle eventuellen Resultate von der internationalen Gemeinschaft nicht anerkannt werden, denn in der UNO gilt nur die SWAPO offiziell als «legitime Repräsentantin der Völker Namibias». Das ist ein Irrtum, denn in Namibia gibt es noch andere annehmbare politische Parteien. Aber immerhin – ein Anfang ist gemacht, und man muß sich darüber freuen, wenn man bedenkt, wie die Situation vorher war. Vielleicht werden im Anschluß daran die namibischen Nationalisten im Ausland (SWAPO) und im Inland zu einer Verständigung miteinander kommen, verfolgen sie doch beide das gleiche Ziel. In Angola sollen sich die drei Befreiungsbewegungen zusammengeschlossen haben.

Der erste Tag bot ein farbiges Schauspiel. Die Vertreter der elf ethnischen Gruppen, von denen einige gewählt, andere ernannt worden sind, versammelten sich in der Turnhalle, einer ehemaligen Gymnastikhalle der deutschen Kolonialtruppen. Sie erstrahlte im neuen Glanz dieser Mini-UNO mit Simultanübersetzungen aller Stammessprachen, denn nicht alle sprechen Afrikaans. Stell Dir eine Simultan-Übersetzung der Buschmann-Sprache ins Englische oder Afrikaans vor. Dafür mußte erst einmal ein Dolmetscher gefunden werden! Die Veranstalter haben den Sohn eines burischen Farmers ausfindig gemacht, der seine ganze Kindheit mit Buschmann-Kindern verbracht und ihre Spiele und geheimnisvolle Sprache geteilt hat. Sie besteht aus Klicks, die man zustande bringt, indem man die Zunge an verschiedenen Stellen des Gaumens vor jedem Wort schnalzen läßt. Das gibt auf wunderbare Weise die Geräusche der Natur und daher auch die Gefühle wieder. Das Klicken vor dem Wort Zuneigung, Liebe wird durch Lippenrundung hervorgerufen. François, der Dolmetscher, «übersetzt» nicht nur für die Buschleute, er muß auch ihre Lebenseinstellungen kennen, um die Botschaft verständlich zu machen.

Zu diesem historischen Treffen waren alle Delegationen erschienen. Die Herero-Delegation, eigentlich nur mit zehn Personen zugelassen, erschien gleich mit vierzig Leuten, so sehr gingen die Meinungen in ihrer Gruppe auseinander. Einige hatten militärische Kleidung aus der Zeit der deutschen Besatzung an, andere elegante Anzüge. Sie kamen in Begleitung ihrer Frauen, die prächtige lange Kleider trugen, Nachbildungen der Tracht von Pastorenfrauen aus der viktorianischen Ära, der Kopf mit einer *Ojikaaba* geschmückt. Die beiden kleinen Buschmann-Delegierten mit sehr stark ausgeprägten asiatischen Zügen und sanftem Lächeln sahen in ihren zu großen Sonntagsanzügen und ihren Schuhen ganz verloren aus. Nur mit Mühe konnten sie die Türen des klimatisierten Mercedes öffnen und schließen... Welche neuen Mythen werden sie wohl erfinden müssen, um all dies um sie herum zu verdauen?

Danach traten die Repräsentanten der «roten Nation», der Nama, auf; sie sind khoisanischer Herkunft wie die Buschleute, haben aber braun-rote Haut und ebenfalls sehr asiatische Züge, wie eine Mischung aus Gelben und Schwarzen. Dann kamen die Ovambo, die größte ethnische Gruppe; sie machen fast die Hälfte der Gesamtbevölkerung aus, ein Bantu-Volk, wie die Kavango und die Kaprivier, die nach ihnen kamen. Sie waren alle europäisch gekleidet und vertraten das traditionelle Afrika der nördlichen Gebiete. Die Damara mit ihrer Ebenholzhaut kommen vermutlich ursprünglich aus dem Sudan. Früher waren sie die Sklaven der Nama, von denen sie die Sprache mit den Klick-Lauten übernommen haben. Schließlich gibt es noch die Farbigen und die Basters, die den Weißen sehr nahe kommen und ihre Namen führen: Du Toit, Mouton, van der Merwe, Brand, Schmidt. Sie sind lebendige Zeugen der Rassenmischung zwischen Weißen und schwarzen Frauen oder Farbigen, entstanden aus Liebesverhältnissen zwischen Farmern und ihren Dienerinnen. Lange Zeit waren sie der Schandfleck der reformierten holländischen Kirche, die in solchen Fragen äußerst streng ist. Einige von ihnen haben Ähnlichkeit mit angesehenen holländischen Farmern.

Alle diese Delegierten vertreten jeweils nur Gruppen zwischen zwanzigtausend und hunderttausend Menschen, abgesehen von den Ovambo, die sehr viel zahlreicher sind. Sie gehören Rassen, Kulturen und Sprachen an, die untereinander oft große Unterschiede aufweisen. Aber heute – man braucht nur auf ihre Gesichter zu schauen – bewegt und erfreut sie ein allen gemeinsames Gefühl: das Gefühl der Unabhängigkeit und der Freiheit... Diese Konferenz ist das erste greifbare Zeichen der Entkolonisierung. Namibia wird von den Stürmen, die über Afrika hinwegfegen, nicht verschont bleiben.

Südafrika wollte dies ignorieren und hat mit der Zukunft dieses Landes leichtfertig gespielt, indem es an Integration dachte. Es ist vor allem dem internationalen Druck, der UNO und den subversiven Aktivitäten der SWAPO zu verdanken, wenn sich seine Meinung geändert hat. Als ich alle diese Delegierten sah, habe ich mich gefragt, ob es nicht zu spät dafür sei. Ein wichtiger Teil der Elite dieses Landes und die SWAPO im Ausland beteiligen sich nicht an der Konferenz, die Diplomaten sind nicht erschienen, um ihre Mißbilligung zu signalisieren, aber trotzdem halten sie es für einen «Schritt in die richtige Richtung». Nach einigen Wochen arbeitsreicher Sitzungen haben sich die Delegierten über eine Absichtserklärung geeinigt, die die umgehende Abschaffung der Rassendiskriminierung fordert und die Unabhängigkeit für 1978 vorschlägt.

Das hat eine magische Wirkung gehabt. Ich bin verblüfft von der Geschwindigkeit, mit der sich die Atmosphäre in Windhuk verändert hat. Die Schwarzen und die Farbigen sind nicht mehr so verschlossen und undurchdringlich wie vorher. Sie heben allmählich den Kopf und fangen an zu zeigen, daß auch sie existieren. Vorher haben sie sich in ihren Gettos, den Aufzügen und Toiletten mit der Aufschrift «BLACK ONLY» und in ihren Schalterstellen versteckt. Heute sind sie überall präsent. Sie sind endlich zu Menschen geworden, ein Übergang ohne Aggressivität und Arroganz. Die Fähigkeit zu verzeihen ist bei den meisten Schwarzen größer, als die mißtrauischen Weißen angenommen hatten.

Das Verhalten der Weißen ist zwiespältiger. Südafrika hat sie sozusagen von einem Tag zum andern vor die vollendete Tatsache der geplanten Unabhängigkeit gestellt. Für jene Mehrheit von ihnen, die noch mit einer kolonialen Mentalität und in der Überzeugung ihrer Überlegenheit leben, ist das schwer zu schlucken. Die deutschsprachige Bevölkerung ist im großen und ganzen einverstanden, vorausgesetzt, daß alles «legal vor sich geht und nicht wie in Mozambique, wo vor kurzem die Portugiesen wie Feiglinge die Flucht ergriffen haben». Sie vertrauen der nationalistischen südafrikanischen Regierung... Und sagen, daß sie verstanden haben, daß man dieses Land nicht ewig bevormunden könne, daß es ein anderes Schicksal als Südafrika habe. Es gibt allerdings auch unter ihnen Farmer, die sich nicht an die Idee der Unabhängigkeit gewöhnen können.

Ganz anders ist es mit den Buren. Ich habe Dir schon oft erzählt, daß Südafrika ihnen das Trugbild der Integration vorgespiegelt und nie ernsthaft auf dem juristischen Tatbestand beharrt hat, daß dieses Land ein Territorium mit internationalem Status ist. Die Meinungen zu diesem Thema sind sehr geteilt. Kurz und gut, die weniger Konservativen unter den Buren haben sich in der Republikanischen Partei von Dirk Mudge zusammengeschlossen, einem weißen Farmer, dem die *Turnhallenkonferenz* zu verdanken ist. Seine Partei hat sich von der an Südafrika angeschlossenen nationalistischen weißen Partei abgespalten. Vom Verstande her sind die Mitglieder dieser Partei Anhänger der gegenwärtigen Entwicklung, aber ich bin nicht sicher, ob es in ihren Herzen nicht einen verworrenen Widerstand gibt, der sich eines Tages Luft verschaffen wird.

Was nun die weißen Nationalisten selber anbelangt, die Freunde des Herrn Vorster in Südafrika oder des ehemaligen Premierministers Verwoerd, so zweifle ich an ihrer Aufrichtigkeit. Bei ihnen geht der Mythos von der Überlegenheit der Afrikaander-Rasse so tief, daß ihre Zustimmung zu einer mehrheitlich schwarzen, wenn auch gemäßigten Regierung innerhalb von zwei Jahren unvorstellbar scheint. Um so mehr, als sie sie nicht auf die Ausübung der Macht vorbereitet haben. Sie halten sich für die letzten Schutzwälle der «europäischen Zivilisation», weil Ihr in Europa doch alle korrumpiert seid: Ihr seid Sozialisten, Eure Kinder nehmen Drogen und haben keinen Respekt vor ihren Eltern, Eure Kirchen sind kommunistisch. Sie sehen sich also als Beauftragte einer heiligen Mission: *die* Zivilisation zu bringen. Deswegen ist auch alles, was sie in Namibia gemacht haben und immer noch tun «zum Guten der Schwarzen», wie bei meinem Schwiegervater, der mir immer sagte, er handele für mein Wohl, ohne mich nach meiner Meinung zu fragen. Diese Leute wollen im anderen nicht den verantwortungsbewußten Erwachsenen sehen, sondern vielmehr verhindern, daß er erwachsen wird, denn als solcher würde er ihr Überleben bedrohen.

Ich kann also schwerlich daran glauben, daß die Konservativen der *Turnhallenkonferenz* aufrichtig sind, wenn sie die Schwarzen nach ihrer Meinung zur Zukunft ihres Landes fragen. Sie spielen Katz und Maus. Letzten Endes wollen sie doch immer ihren Standpunkt durchsetzen. Die Franzosen hatten in der französischen Nationalversammlung die politischen Führer ihrer Kolonien zugelassen, damit sie sich mit der *«res publica»* vertraut machten, aber die südafrikanischen Nationalisten haben die Schwarzen nie ins Parlament von Kapstadt gelassen. Das ist *«white only»*. Ich traue ihnen zu, diesen Prozeß der Dekolonisierung abzublocken.

Kürzlich kam der Schweizer Botschafter mit seiner Frau uns besuchen. Nach einer Diskussion von wenigen Minuten sagte er unvermittelt: «Was suchen Sie eigentlich in diesem Land? Sie erleben die letzten Augenblicke des Kolonialismus. Nach der Unabhängigkeit jedenfalls ist es verloren. Gehen Sie in die Schweiz zurück, machen Sie dort Politik!»

Ich muß sagen, das hat mir die Sprache verschlagen. Nicht einmal er, der Afrika kannte, glaubte an die Möglichkeit, daß die Weißen in einem Vielrassenstaat mit einer schwarzen Mehrheit ihren

Platz finden könnten? Aber alle Weißen Namibias und Südafrikas können doch schließlich nicht weggehen oder wie Ludwig XVI. und Marie-Antoinette auf dem Schafott enden? Man müßte doch einen Modus vivendi hier in Namibia finden: Auf meine Argumente hat er nicht geantwortet, er blieb schweigsam. Das alles ist beängstigend.

Die angolanische Tragödie

Juli 1976

Die Welle der Hoffnung, die ganz Namibia erreicht hatte, ist durch die Ereignisse in Angola plötzlich wieder zusammengefallen. Die politischen Parteien konnten nicht zu einer Verständigung kommen. Die Russen und Amerikaner haben sich eingemischt. Zu Beginn der feindlichen Auseinandersetzungen glaubte man, daß sich alles schnell wieder einrenken würde, und auch meine angolanischen Schüler glaubten daran. Ihre Eltern hatten sich zum Bleiben entschlossen, aber schließlich mußte man den Gegebenheiten ins Auge blicken, der Kriegszustand wurde immer besorgniserregender.

Meine Schüler weinen während des Unterrichts. Sie haben keine Nachrichten von ihren Eltern. Ich denke, daß Ihr in der Schweiz die Kämpfe im Fernsehen seht. Hier haben wir kein Fernsehen, und die Nachrichten werden sorgfältig gefiltert. Der Flüchtlingsstrom wird täglich größer. Was sie erzählen, ist niederschmetternd. Der Krieg wütet im gesamten Süden Angolas, die Straßen sind von Flüchtlingskolonnen verstopft. Als ich sie zum erstenmal sah, war ich vor Schreck wie erstarrt. Natürlich hatte ich von meinen Eltern die erschütternden Berichte über die französisch-jüdischen Flüchtlinge in unserer kleinen Grenzstadt gehört. Aber das hatte mich nicht wirklich berührt. Man muß so etwas selbst erleben, um die ganze Tragik einer Flucht zu erfassen.

Vor einigen Wochen fuhr ich mit dem Wagen zur Schule, als mich plötzlich ein Militärlastwagen stoppte. Ich fragte mich, was ich wohl falsch gemacht haben könnte, als eine Kolonne angolanischer Wagen an der Wegbiegung auftauchte, die sich schwer beladen wie ein Trauerzug voranbewegten. Die Wagen waren voller Menschen – Männer, Frauen, Kinder und Alte mit Babies auf den Knien, auf dem Dach ihre bescheidene Habe, die sie hatten mitnehmen können: Matratzen, Kisten, Decken, Töpfe. Viele Frauen waren schwarz gekleidet und hatten ein Kopftuch umgebunden, wie wir es von den Frauen der Mittelmeerländer kennen. Was mich gewundert hat, war die große Anzahl von Schwarzen und Farbigen unter ihnen. Der Treck erstreckte sich über mehrere Kilometer. Ich stand wie angewurzelt da, mit zugeschnürter Kehle, unfähig, irgendeine freundliche Geste von mir zu geben. Ein unbeschreibliches Unbehagen begann in mir aufzusteigen. Keiner hier weiß wirklich, was in Angola los ist. Den letzten Nachrichten zufolge war tonnenweise russisches Kriegsmaterial angekommen, und Tausende von Kubanern waren an Land gegangen, um die MPLA gegen die FLNA von Holden Roberto und die UNITA von Jonas Savimbi zu unterstützen, wodurch die Einheit der Angolaner verhindert wird. Ich dachte an meine Kommilitonen von Lausanne und Neuchâtel. Auf welcher Seite standen sie wohl? Hatten sie eine solche Befreiung gewollt? Ganz sicher nicht.

Das also war die Befreiung Angolas? Die «schändliche» Flucht der Portugiesen, denen es nicht gelungen war, dem Land eine legale Regierung zu geben und statt dessen diese Leere, in die sofort von den Russen herbeigerufene und befehligte Truppen vorstießen; und die zweifelhafte Rolle des amerikanischen CIA? Das also war «das Recht der Völker, über sich selbst zu bestimmen»! Würde uns das gleiche bevorstehen?

In den folgenden Wochen zogen Schlangen von überladenen Wagen durch die namibischen Straßen. Die Flüchtlinge waren verstummt in ihrem Schmerz und hielten ein Tuch vor den Mund gepreßt, um ihr Schluchzen zu unterdrücken. Dreißigtausend Flüchtlinge sind so unter den Augen der verdutzten Namibier vorbeigezogen. Im Grunde ein heilsamer Schock, der vielleicht endlich ihre Aufmerksamkeit für die Probleme Afrikas wecken würde. Plötzlich bekamen die Worte «Dekolonisierung», «Befreiungsbewegung» eine klare Bedeutung.

Die südafrikanische Armee hat sich um alles gekümmert. Sicher sind die Südafrikaner die Erfinder der Apartheid, aber man muß auch ihre Qualitäten anerkennen: Sie sind hilfsbereit und großzügig, wenn jemand in einer Notlage steckt. Dann tritt plötzlich ihr Pioniergeist zutage. Keine internationale Organisation ist den angolanischen Flüchtlingen zu Hilfe gekommen, weil sie sich auf «illegal von Südafrika besetztem Gebiet» befanden. Als ob sie eine Wahl gehabt hätten. Du siehst, wie so oft haben juristische Prinzipien Vorrang vor menschlichem Elend. Das Rote Kreuz und andere private Organisationen haben Hilfe geschickt. Ich habe mit Piet ein Flüchtlingslager bei uns in der Nähe besucht, um bei der Verteilung der Hilfsgüter, die der Lions-Club gespendet hat, dabei zu sein und mich als Dolmetscherin nützlich zu machen. Alle waren würdevoll und schweigsam, aber die Augen der Frauen verrieten Angst und Hoffnungslosigkeit. Sie aßen wenig, denn das südafrikanische Essen war ungewohnt für sie. Es dauerte eine Weile, bis die Militärköche einer Änderung des Menüs zustimmten. Ich habe die Schwarzen vorsichtig gefragt, warum auch sie geflohen seien. Sie gehörten zur Elite und fürchteten um ihr Leben wegen der steigenden Macht der Marxisten, die jetzt alle wichtigen Stellen besetzen. Sie hatten einen portugiesischen Paß und wollten versuchen, nach Brasilien zu gelangen.

Nicht alle Flüchtlinge wurden nach Portugal repatriiert, dafür brauchte man einen portugiesischen Paß. Mindestens zehntausend sind im Norden des Landes in Lagern zusammengepfercht worden. Das waren hauptsächlich die armen Schwarzen, die vor den Kämpfen geflohen waren. Da viele von ihnen zur gleichen ethnischen Gruppe wie die im Norden Namibias ansässigen gehörten, konnten sie von Familien aufgenommen werden, die der namibische Staat für die Unterhaltskosten entschädigte. Hatte jemand keine Familie, mußte er in einem Lager in der Nähe von Rundu in Kavango bleiben, wo die Führer der UNITA sich seiner angenommen haben.

Eines schönen Tages stand Sikunda mit andern Mitgliedern dieser angolanischen Befreiungsbewegung vor unserer Tür. Ich ließ sie eintreten, überrascht und zugleich glücklich, mit Schwarzen Französisch reden zu können. Nach einer feierlichen Begrüßung baten sie mich, beim Generaladministrator des Landes zu dolmetschen, den Südafrika zur Vorbereitung der Unabhängigkeit ernannt hatte. Warum gerade ich? Weil ich Schweizerin und damit neutral sei.

Es waren äußerst intelligente Männer, die zum größten Teil in der Schweiz studiert hatten. Ich kannte sie nicht. Seit zwölf Jahren kämpften sie für die Befreiung ihres Landes. Die Portugiesen hatten in einem wilden Durcheinander das Land verlassen, unfähig, die Unabhängigkeit in die Wege zu leiten, und nun hatten die Russen und Kubaner ihren Platz eingenommen. Sie waren außer sich und empört über die Wendung der Ereignisse in Angola. Ich habe mir alle ihre Berichte vom Verrat der MPLA und der Ankunft der Russen angehört. Sie sagten mir, daß sie bereit seien, weitere zwanzig Jahre den Kampf für die Befreiung zu führen. Wenn man für die Freiheit kämpft, zählt die

Zeit nicht mehr. Sie erzählten mir von unbeschreiblichen Grausamkeiten der Portugiesen, die rebellische Schwarze zwangen, Benzin zu trinken und dann ein Streichholz vor ihrem Mund anzündeten. Oder sie schnitten ihnen die Hoden ab und zwangen ihre Frauen, sie zu essen. Die Schwarzen antworteten darauf mit ähnlichen Greueltaten: Sie schnitten die Portugiesinnen in Stücke und hängten ihren Uterus auf eine Wäscheleine. Wie in finsterer Vorzeit oder wohl noch schlimmer – die Barbarei in Reinkultur. Wir sind also zum Repräsentanten Südafrikas, dem Richter Marthinus Steyn, gegangen, dem sie für die großartige Hilfe gegenüber den Flüchtlingen dankten und ihn baten, ihnen weiterhin seine Unterstützung zu gewähren, was er auch zusagte.

Ich mußte bei seinem Anblick an einen römischen Prokonsul denken: ein schöner Mann von hoher Statur, lächelnd, verständnisvoll, paternalistisch – aber so sind die Südafrikaner. Am Ende der Unterhaltung entschuldigte er sich, kein Französisch zu sprechen und sagte einige italienische Worte. Dann erzählte er uns, daß er an der Schlacht von Monte Cassino teilgenommen habe. Seine Erinnerung an diese Kriegszeit und an die menschliche Solidarität, die er dabei kennengelernt hatte, berührte ihn immer noch stark. Wir waren beeindruckt von ihm und gingen nachdenklich nach Hause.

Er wird hier durchaus nicht von allen Weißen anerkannt. Viele sind empört, daß er mit einem einzigen Federstrich einen Teil der Rassendiskriminierung abgeschafft und damit eine Situation herbeigeführt hat, in der im nächsten Jahr Wahlen für die Unabhängigkeit unter internationaler Kontrolle stattfinden können.

Leider hat er aber auch zwei strenge Sicherheitsgesetze erlassen, nach denen eine zeitlich unbegrenzte Haft ohne Prozeß möglich ist. Ich habe eine Vorahnung, daß die weißen Nationalisten sich nicht auf diese Art regieren lassen werden und daß diese Gesetze zum Stolperstein werden.

Unser Haus ist häufig voll von meinen neuen angolanischen Freunden. Es tut mir gut, mit schwarzen Intellektuellen auf französisch zu diskutieren. Sie erklären mir die Entwicklung in Angola und geben mir Ratschläge für Namibia:

«Vor allem, Madame Christine, dürfen Sie nicht weggehen, nicht in Panik geraten und für andere das Feld räumen, sondern Sie müssen mithelfen, daß sich die Mentalität der Leute entwickelt und sie eine gemäßigte schwarze Mehrheit akzeptieren.»

«Und wird man die Weißen überhaupt noch brauchen?» fragte ich ängstlich.

«Natürlich, die Weißen sind für die Entwicklung des Landes unerläßlich. In dem Augenblick, in dem sie die Regierung akzeptieren, können sie noch eine wichtige Rolle spielen.»

Am liebsten hätte ich sie umarmt. Sie waren die ersten, die mir meinen Mut zurückgaben und einen triftigen Grund nannten, um hierzubleiben. Genau so hatte ich mir mein Leben hier vorgestellt.

Piet ist wie fast alle namibischen Weißen und Südafrikaner von der angolanischen Tragödie traumatisiert. Ich kann ihn nicht um seine Hilfe bitten. Jeder ist mit sich allein und muß versuchen, diese Ereignisse zu verkraften. Zum erstenmal seit meiner Ankunft in diesem Land spüre ich Panik in mir aufsteigen. Wenn wir wie die Portugiesen fliehen müßten? Ich habe versucht, mich an meinen Schwiegervater zu wenden. Er hatte ja immer alles zu «unserm Wohl» entschieden und verfügte über die Erfahrung des letzten Krieges, sagte ich mir; vielleicht kann er uns zu etwas raten? Nein, er hat uns nichts zu sagen, er will nicht, wie viele Deutsche, die wir hier kennen, fliehen, weder nach Deutschland noch nach Amerika oder Australien. Er ist alt geworden. Ich glaube, in ihm ist eine tiefe Hoffnungslosigkeit. Er ist uns keine Hilfe. Nur Du und unsere Eltern haben uns angeboten, uns so weit wie möglich zu helfen, falls wir uns mit den beiden Kindern in der Schweiz niederlassen sollten. Aber es ist nicht leicht, den Weg ins Exil zu beschreiten.

Ich beherberge angolanische Flüchtlinge im Zimmer von Ananias, der aus Angst um seine Familie in den Norden gegangen ist. Angelina, eine angolanische Volksschullehrerin, führt meinen Haushalt. Sie hat ihre Schwester und zwei Kinder mitgebracht. Außerdem ist sie schwanger. Ich werde niemals wissen, wie vielen Menschen ich in all diesen Monaten der Tragödie Schutz gewährt habe: die Männer und Brüder besuchten abends ihre Frauen und Schwestern, und morgens verschwanden sie wieder.

Angelina singt jeden Abend ein Schlaflied für ihre Kinder. Ihre warme Stimme hallt im ganzen Innenhof wider und dringt bis in unser Schlafzimmer. Meine Kinder halten den Atem an, um sie besser zu hören. Antoinette fragt mich dann jedesmal, warum ich nicht auch für sie gesungen habe, als sie klein war. Sie hat recht. Ich lasse mich von meinen Sorgen beherrschen und vergesse das Wichtigste: die Liebe und Zärtlichkeit. Leider bin ich nicht so wie meine Gäste, die alles verloren haben und immer noch genug inneren Frieden finden, um ihre Kinder zu wiegen. Merkwürdiges Afrika: Im Norden töten sie einander, im Süden singen sie Wiegenlieder.

Meine Angolaner sind fröhlich, überschäumend, freundschaftlich und diskutieren schrecklich gerne. Im Haus herrscht eine nahezu mediterrane Stimmung. Ich bin ganz begeistert, Piet schon weniger. Dieses allgemeine Sich-gehen-Lassen irritiert ihn, aber mir ist das egal, auch er kann Zugeständnisse machen, findest Du nicht? Bis jetzt mußte immer ich mich um Anpassung bemühen. Ich drücke ein Auge zu im Haushalt, wo es nicht sehr ordentlich zugeht. Die namibischen Schwarzen sind eher zurückhaltend, oft traurig, nicht sehr gesprächig und verschwiegen. Man hat wohl immer die Kolonisierten, die man als Kolonialherr verdient...

Angola macht immer noch Schlagzeilen. Jeden Tag finden neue Kämpfe statt. Jeden Tag kommen Ströme von Flüchtlingen an, die uns die Situation ausmalen. Ich vergleiche ihre Aussagen mit den Artikeln von *Le Monde* über die angolanische Situation. Die Zeitung ergreift Partei für die neue Regierung, dabei ist die Hälfte der Bevölkerung dagegen. Die von den Truppen der MPLA begangenen Grausamkeiten und die Hungersnot im Süden werden schweigend übergangen.

Die angolanische Regierung hat übrigens die Delegierten des Internationalen Roten Kreuzes gebeten, den Ort zu verlassen, um mehr Handlungsfreiheit zu haben. Deren Vertreter haben sich abends bei uns unter der Leitung des Südafrika-Delegierten, Nicolas de Rougemont, versammelt. Sie erzählten auch von der südafrikanischen Militäraggression in Angola. Ein Krieg, in dem die Südafrikaner ihre Liter Benzin und Granaten gezählt haben. Dabei hatten sie den Segen der Nixon-Kissinger-Riege. Aber plötzlich bekamen die Amerikaner Gewissensbisse und waren um ihren Ruf in Afrika besorgt, so daß sie dem Treiben Einhalt geboten. Dabei stand das südafrikanische Militär schon vor den Toren Luandas. Nach ihrem Rückzug kamen noch mehr Russen, Ostdeutsche und Kubaner nach Angola. Michel, ohnmächtig und voller Angst müssen wir diesem ziemlich verwickelten Ost-West-Konflikt zusehen.

Die angolanischen Kinder deutscher Herkunft wurden fast alle in der deutschen Privatschule von Windhuk aufgenommen, an der ich

Französisch unterrichte. Ein ergreifendes Ereignis wird mir für immer im Gedächtnis bleiben. Es war der erste Schultag im Januar. Nach dem angolanischen Exodus war die Spannung in Namibia extrem und wurde noch größer durch die Terrorakte seitens der SWAPO, der es gelungen war, ziemlich weit ins Land vorzudringen und weiße Farmer zu töten. An jenem Morgen, einem strahlenden Tag, hielt der Direktor eine kleine Ansprache anläßlich des Schulbeginns nach den langen Sommerferien. Die Kinder, normalerweise außer Rand und Band, waren verwirrt. Die Ereignisse der vergangenen Monate hatten sie um so mehr getroffen, als sie darauf nicht vorbereitet waren. Die angolanischen Schüler der deutschen Schule Sa Da Bandeira (heute Lubango) hatten gerade feierlich dem Direktor der Schule ihre Flagge übergeben. Alles schien so unwirklich. Hatten sie wirklich ihr Vaterland, ihre Schule und ihren Besitz verlassen, oder war dies nur ein böser Traum? Schließlich schlug der Direktor vor, alle Schüler sollten ein deutsch-namibisches Lied singen, das sie am liebsten hatten: «So hart wie Kameldornholz ist unser Land.» Schon oft hatte ich während meines Unterrichts gehört, wie der Kinderchor es sang, dem jedoch keine Aufmerksamkeit geschenkt. Aber heute war es anders; die Kinder erfaßten plötzlich den tieferen Sinn der Worte. Sie wurden sich bewußt, wie sehr sie dieses Land liebten, und daß ihnen das gleiche wie ihren angolanischen Kameraden passieren konnte. Ihr Gesang war voller Ernst, einige hatten Tränen in den Augen. Die Traurigkeit der Kinder schnürte uns Lehrern die Kehle zu und zeigte uns, wie ohnmächtig wir waren. Welche Straßen würden ihnen eines Tages zur Flucht dienen? In welchem Land würden sie noch Exil finden?

Ich bin entmutigt. Warum teile ich hier eigentlich das Schicksal der letzten Kolonialherren Afrikas? Diese Frage geht mir Tag und Nacht durch den Sinn. Ich frage mich, ob Du nicht recht hattest, als Du sagtest, es sei verrückt von mir, wegzugehen. Jetzt kommt mir die Schweiz wie ein verlorenes Paradies vor. Ich denke oft an die Antwort meiner angolanischen Freunde: «Nicht in Panik geraten, nicht weggehen, das Bewußtsein der Leute für einen Vielrassenstaat und Wahlen schärfen ... Wir werden erst frei und glücklich sein, wenn wir wirklich demokratische Wahlen haben.» Ich weiß, daß sie recht haben, aber die Verzweiflung ist stärker. Weder habe ich ihre moralische Festigkeit noch ihre jahrtausendealte Weisheit. Wir hören weiterhin von dauernden Zwischenfällen zwischen der südafrikanischen Armee und den Guerillakämpfern der SWAPO, mit vielen Toten, vor allem Unschuldigen; morgens findet man sie dann irgendwo gelyncht oder von Kugeln durchbohrt, die Kehle durchschnitten oder den Körper zerfetzt, weil sie auf eine Mine getreten sind. Gleichzeitig gibt es Revancheakte seitens der Armee, die in einem Wahnsinnsanfall die Bewohner eines *kraal* erschießen, wie es die Amerikaner in Vietnam getan haben. Auch sie töten Unschuldige.

Die Lage in Ovamboland ist alarmierend. Ich höre mir die Berichte der Missionare an, die mit mir Kontakt aufnehmen, wenn sie durch Windhuk kommen. Auf beiden Seiten werden Greueltaten verübt, die Bevölkerung wird terrorisiert. Entweder klagt man sie an, mit dem Feind (SWAPO) zu kollaborieren, oder man beschuldigt sie, Verräter zu sein und Informationen an die südafrikanische Armee weiterzugeben. Was auch immer sie tun, sie sind immer irgend jemandem gegenüber im Unrecht... Das ist schrecklich. Die Leute leben nur noch in Angst und Schrecken.

In Ovamboland wurde der Ausnahmezustand ausgerufen. Von Sonnenuntergang bis zum Tagesanbruch wird jeder kaltblütig erschossen, der riskiert, sich draußen aufzuhalten, selbst Frauen mit ihren Babies auf dem Rücken. Junge schwarze Soldaten begleichen persönliche Rechnungen mit dem Maschinengewehr. Trotz der Bemühungen der südafrikanischen Armee, mit Ärzten, Lehrern, Tierärzten, Agrartechnikern zur Entwicklung dieser Region beizutragen, sind die Sympathien allgemein auf seiten der «Befreier», die es gewagt haben, dem allmächtigen burischen Kolonisator die Stirn zu bieten.

Ich habe die Bekanntschaft einer jungen schwarzen Ordensschwester gemacht. Sie erlebt das Drama des Volkes der Ovambo intensiv am eigenen Leibe. Ihr Vater hat oft die Mission von Döbra aufgesucht, wo sie jetzt lebt. Sie hat fünf Geschwister. Ihr ältester Bruder und eine Schwester sind bei der SWAPO in Angola, dort, wo sich deren Lager befinden. Seit langem schon hat sie keine Nachricht mehr von ihnen und vermutet, daß sie bei einem Luftangriff der südafrikanischen Armee umgekommen sind. Ein anderer Bruder hält sich in Jugoslawien auf, wo er ein Stipendium erhalten hat. Ihr jüngster Lieblingsbruder wurde zu zwanzig Jahren Gefängnis verurteilt wegen Sabotage eines Zuges in Namibia. Er ist auf Robben Island vor der Küste von Kapstadt. Sie konnte ihn dank der Hilfe des Internationalen Roten Kreuzes mit ihrem Vater besuchen. Ihr vierter Bruder schließlich dient in der südafrikanisch-namibischen Armee, ein gut bezahlter Job. Theoretisch kann er eines Tages einem seiner Brüder gegenüberstehen. Ich bin angesichts eines solchen Unglücks, über das sie oft in Tränen ausbricht, hilflos. Mein Wortschatz in Afrikaans, der einzigen Sprache, die uns verbindet, ist zu dürftig, um sie zu trösten. Von Zeit zu Zeit besuche ich sie und versichere sie meiner Freundschaft. Sie hat mich gefragt, ob ich sie nicht zum Beten in die Kirche begleiten könne. Sie ist von einer leidenschaftlichen Gläubigkeit. Ich versuche sie zu verstehen. Mein Glaube ist eher schwankend, ich stelle mir zu viele Fragen, auf die ich keine Antwort weiß.

Warten auf die Katastrophe

Ende des Jahres 1977

Wie ein riesiger Krake entführt die Politik mir meine Freunde. Die Ölgesellschaft Aquitaine, wo Jean, einer unserer französischen Freunde, gearbeitet hat, mußte seine Büros aus «politischen Gründen» schließen. Nigeria hat Frankreich wissen lassen, daß es sich aus Namibia zurückziehen müsse, wenn es weiter Öl beziehen wolle. Vor zwei Jahren haben unsere Berliner Freunde ihre Zelte abgebrochen und sind in den Schatten der Mauer zurückgekehrt. Sie finden das weniger explosiv als Namibia. Nach solchen Abschieden überfällt mich immer eine innere Panik. Wann sind wir dran? Worauf warten wir noch? Das wirst Du Dich sicher auch fragen.

Die Militarisierung Namibias schreitet voran. Überall Militär: auf der Straße, in den Geschäften, beim Arzt, beim Zahnarzt, beim Tennis, in der Kirche, bei den Freunden, es ist in unser Leben eingedrungen und gehört jetzt dazu. Viele Buren und Deutsche über Vierzig melden sich freiwillig. Ich glaube, viele tun es nicht nur aus Patriotismus, sondern weil sie gerne noch einmal ein Abenteuer erleben wollen, und zwar nicht mit einer Frau, sondern mit dem Krieg. So etwas zu sagen, ist schrecklich, aber Du solltest sie sehen, wie stolz sie sind und wie wichtig sie sich vorkommen. Von den Frauen erwarten sie, daß sie außer sich sind vor Bewunderung für ihre Uniform. Mich beeindrucken sie nicht. Sicher sind sie irgendwie nützlich, und man muß sich verteidigen, wenn man angegriffen wird. Aber ich bewundere eher diejenigen, die versuchen, mit dem Feind zu reden und Voraussetzungen für den Frieden im Innern des Landes schaffen.

Der Krieg hat Ausmaße angenommen, die mich beunruhigen. Das südafrikanisch-namibische Militär fliegt immer mörderischere Luftangriffe in Angola gegen die Lager der SWAPO, die von Kubanern und Ostdeutschen ausgebildet wird. Im Namen der «kommunistischen Gefahr» ist alles gerechtfertigt; sie nennen das auch den «Totalangriff». Sie erinnern mich an die Israeli, die die Palästinenserlager im Libanon zerstören. Und dabei gehört Namibia ihnen noch nicht einmal! Zwanzig-, dreißigmal täglich hören wir hier das Wort «Kommunist» im Radio, in Gesprächen, man liest es in Zeitungen oder vertraulichen Berichten. Weißt Du, ihre Propaganda ist derartig wirkungsvoll, daß ich mich dabei ertappe, Menschen zu verachten, die ich noch nie gesehen habe und die mir nie das Geringste getan haben. Als gute neutrale Schweizerin verstehe ich nicht, daß es besser sein soll, Lebewesen zu töten, als sie Kommunisten werden zu lassen. Das ist doch ihre Entscheidung, nicht unsere. Wenn die sowjetische Armee und die Kubaner vor unserer Grenze stünden, um bei uns einzufallen, wäre ich die erste, die sich verteidigte. Aber Angola ist weit weg. Natürlich gibt mir keiner recht. Ich weiß auch nicht mehr so recht, was ich noch denken soll, wo ich stehe, wo die Guten und wo die Schlechten sind. Ich sehe das von beiden Seiten. Wenn ich mit Piet oder meinen Freunden darüber spreche, sehen sie mich merkwürdig von der Seite an. Ich zweifle immer mehr an mir selber und an meinen Überzeugungen. Wer hat recht, wer unrecht? Ich weiß nur eins: Wenn ich schwarz wäre und 1960 in Namibia gelebt hätte, würde ich zur SWAPO gehören und mich gegen diese Ungerechtigkeiten auflehnen. Mit zwanzig erträgt man das nicht.

Der größte Teil jener Menschen, die aus Namibia fliehen, sind Buren aus der Verwaltung, die es vorziehen, nach Südafrika zurückzugehen, weil sie dort leicht Arbeit finden. Die Deutschen erfinden tausend Entschuldigungen dafür, warum sie gehen: die Schule der Kinder, die Gesundheit der Mutter, ein interessantes Arbeitsangebot anderswo. Es ist jetzt Schuljahresende, und mehrere Schüler haben mir auf Wiedersehen gesagt (wo werde ich sie wiedersehen?). Sie gehen nach Deutschland, Amerika, Kanada, Australien, einige nach Südafrika. In ihren Gesichtern lese ich Trauer und Unentschlossenheit. Wie schnell das alles gegangen ist! Seit zehn Jahren bin ich jetzt in diesem Land. Die unbewegliche Ordnung kommt in Bewegung. Die Haltung der Weißen hat sich derartig geändert! Es ist, als wären fünfzig Jahre vergangen. Ein ganzes Erwachsenenleben. Ich habe ein solches Gefühl der Ohnmacht, gerade ich, die ich doch hierhin gekommen bin mit der Absicht, in diesem Land etwas «Nützliches zu tun». Die Ereignisse haben mich überrollt. Ich lasse mich von der Hoffnungslosigkeit ergreifen. Es wird mir mühsam, Artikel für das *Journal de Genève* und die *Neue Zürcher Zeitung* zu schreiben, angesichts der Ereignisse kann ich ohnehin nicht mehr objektiv bleiben, was doch die Pflicht eines jeden Journalisten ist. Innerlich bin ich zerrissen. Ich verliere den Boden unter den Füßen und müßte doch der Situation die Stirn bieten. Kürzlich habe ich Piet abends gefragt, was wir mitnehmen sollten, wenn wir plötzlich wegmüßten. Die Stiche vom Sturm auf die Bastille und von der Flucht und Verhaftung des Königs Ludwig XVI. im Salon waren wohl so etwas wie eine Mahnung. Die Flucht der Kolonialherren hat begonnen, oder besser ihr Exodus, aber die Bastille ist noch nicht erobert. Meine Schwiegereltern sind rasch nacheinander an Krebs gestorben. Deswegen haben wir auch die Stiche geerbt. Wie sehr ich es bedaure, daß ein wirklicher Dialog nicht möglich war! Ihr plötzlicher Tod war vielleicht auch eine Art, nein zum Leben zu sagen. Wer weiß?

Vor kurzem feierte Antoinette ihren siebten Geburtstag. Wie gewöhnlich hatte sie ihre etwa zwanzig kleinen Freundinnen eingeladen, denn ich hatte ihr versprochen, den Film «Heidi» zu zeigen. In Namibia gibt es kein Fernsehen. Du kannst Dir also vorstellen, welch ein Ereignis das war. Gegen 18 Uhr konnten die Kinder nicht mehr warten, und ich habe ihnen den Film gezeigt. Als ich das friedliche Leben in den schönen Schweizer Bergen und den braven Großvater sah, der sich um Heidi kümmert, die Kühe und den Schnee, wurde ich plötzlich von einem unkontrollierbaren Schluchzen überwältigt. Ich mußte den Raum verlassen, um diesem Sturm in meinem Innern freien Lauf zu lassen, der über alles hinwegfegte: Konventionen, politisches Interesse, Journalismus, Abenteurertum, Liebe. Ein Teil meiner Kindheit war plötzlich an die Oberfläche gestiegen, und ich sah vor mir alle Heidi-Bücher, die ich im Alter meiner Tochter gelesen habe. Ich lachte und weinte durcheinander, denn die Situation war wirklich komisch. Gott sei Dank lief das Vorführgerät der Alliance Française automatisch weiter. So konnte ich in aller Ruhe Ordnung in meine Gedanken bringen. Antoinette sah ganz überrascht nach mir und versicherte mir, daß sie jedenfalls nicht darüber weinen müßte, aber daß sie gern in den Schweizer Alpen leben würde. Das hat meine Tränen natürlich von neuem zum Strömen gebracht...

Woran hänge ich eigentlich wirklich? Welcher Verlust würde mir ernsthaft wehtun? Ich bin von einem Zimmer zum andern gegangen. Die Kinder schliefen friedlich und hörten unser Flüstern nicht. Sie waren natürlich das einzig Unersetzliche, der größte Sinn unseres Lebens und unserer Liebe. Und was kommt danach? Zinn und Porzellan aus dem Schloß? Wie wenig Wert hatte das alles doch, wenn man nur heil davonkam! Die Bücher in meiner Bibliothek, die ich so liebte? Die konnte man ersetzen. Warum sich mit all diesem Papier auf dem Weg ins Exil belasten? Das wiegt schwer im Gepäck. Lange habe ich nachgeforscht, was für mein Herz unentbehrlich ist. Ich fand es erst, als ich unser Schlafzimmer ganz genau untersuchte. Da, auf meinem Nachttisch die Fotos von den Kindern, als sie kleiner waren, und die von unserer Hochzeit. Die kurze Geschichte unseres Lebens und unserer Liebe. Ich stellte alle Fotoalben und Filme, die wir gemacht haben, zusammen und entdeckte auch die Schulhefte wieder, die mir von Beginn meines Aufenthalts hier bis jetzt als Tagebuch gedient haben. Meine stummen Vertrauten, meine schweigenden Zeugen. Ja, auch das war unschätzbar.

Ich habe alles in einem kleinen Jutesack verstaut. Piet hat viel umfangreichere Pläne gemacht, er wollte Möbel transportieren. Ich hielt ihm entgegen, daß das zu teuer und unrealistisch sei. Aber er bestand darauf. Und der Rest? Was tun damit?

«Warum sollen wir das, was wir doch nicht mitnehmen können, nicht anderen überlassen?»

«Das willst du doch wohl selbst nicht, unsere Sachen Schwarzen überlassen, die sie doch nicht zu schätzen wissen? Nein, lieber verbrenn ich alles», entgegnete Piet.

Du siehst, in welcher Atmosphäre wir leben, und trotzdem ringen wir uns zu keiner Entscheidung durch. Wir warten auf *die* Katastrophe, die uns zur Flucht zwingt. Aber sie trifft nicht wirklich ein. Weder greifen die Russen und Kubaner Namibia an, noch übernimmt die SWAPO die Macht. Die Südafrikaner, ja, die fliegen mörderische Luftangriffe auf Angola.

Ich werde immer dünner und sehe wohl schlecht aus. Das ist kein Wunder unter den gegenwärtigen Umständen. Aber ich glaube nicht, daß ich wirklich krank bin. Die Nachricht, daß mich die deutsche Schule entläßt, hat mich gestern sehr getroffen. Anscheinend koste ich zuviel und werde durch einen Lehrer aus Deutschland ersetzt, der direkt von Bonn bezahlt wird. Die Schülerzahl hat seit Beginn des Exodus beträchtlich abgenommen, und die Schule hat jetzt weniger Geld. Wir bleiben in diesem Land, weil wir es feige finden, einfach zu gehen, und auf diese Weise werden wir nun dafür belohnt. Sechs

Jahre habe ich an der Schule unterrichtet. In Deutschland hätten weder der Direktor noch der Personalrat so etwas gewagt. Eine Gewerkschaft hätte mich verteidigt. Aber hier herrscht das Recht des Stärkeren. Es gibt keine Gewerkschaft. So wird man mich einfach los.

Die schlechten Nachrichten kommen Schlag auf Schlag. Erinnerst Du Dich an Ananias, den *boy*? Er war lange bei seiner Familie in Ovamboland und ist nun zurückgekehrt. Kürzlich teilte er mir den Tod von Theophilus, seinem Neffen mit, der in Südafrika Medizin studierte. Er ist auf eine Mine getreten, als er bei seiner Familie in Ovamboland in Ferien war. Ich kann Dir gar nicht sagen, wie betroffen dieser Tod mich gemacht hat. Er war ein junger Schwarzer, den ich sehr mochte, weil ich mit ihm auf englisch diskutieren konnte und weil er intelligent und offen war. Er war wohl auch Mitglied der SWAPO, sagt Ananias. Auf mich hat er niemals «terroristisch» oder revolutionär gewirkt. Er liebte sein Land und wollte die Unabhängigkeit. Er hat nicht zu den Waffen gegriffen. Sein Tod ist so empörend wie der von allen jungen Schwarzen oder Weißen, egal, auf welcher Seite sie stehen, denn schließlich sind sie nichts als Instrumente in den Händen der Großmächte. Die Russen interessieren sich für Namibia wegen der strategischen Lage und benutzen die SWAPO für ihre Zwecke. Und die Südafrikaner wollen dieses Land nicht loslassen, weil wir ihr «Experimentierfeld» und ihre Pufferzone angesichts des aus Angola kommenden «Totalangriffs» geworden sind. Die Großmächte spielen mit unserem Schicksal. Sie benutzen uns für ihre eigenen Interessen. Das spüre ich immer mehr.

Als wir neulich vom Hof meiner Schwägerin in Otjiwarango zurückkamen, kreuzte uns ein Militärkonvoi von mehreren Kilometern Länge. Man konnte Panzer und andere komplizierte Maschinen auf riesigen Lastwagen sehen. Ich machte den Soldaten, die von verschiedenster Hautfarbe und noch sehr jung waren, ein Zeichen, worauf sie lärmend antworteten und ihre Mützen in die Luft warfen. Sie machten einen fröhlichen Eindruck. Wer von ihnen würde nicht mehr zurückkehren oder als geistiger oder physischer Krüppel wiederkommen? Ihre «Feinde» sind ebenfalls junge Schulkinder, die die Guerillakämpfer der SWAPO in den Schulen an der Grenze gekidnappt haben. Einige haben sich ihnen auch freiwillig angeschlossen. Sie werden in Angola, Libyen und selbst in den Ostblockländern ausgebildet. Der Einfluß Ghadafis reicht bis hierhin. Die südafrikanisch-namibische Armee ist so gut organisiert, daß die SWAPO-Kommandos in Namibia fast alle Selbstmordkommandos sind.

Für einen solchen Krieg gibt es nur eine politische, keine militärische Lösung. Radio und Zeitungen berichten fast täglich von den Siegen der Soldaten gegen die «Terroristen, die Kommunisten, die Instrumente Moskaus». Und die Verlautbarungen der SWAPO im Ausland verkünden ihre Siege über «die Rassisten, Lakaien des Imperialismus, Faschisten, dreckigen Kolonialisten». Ich glaube, daß weder die Menschen noch die Soldaten viel davon verstehen. Man verspricht ihnen einfach das Paradies in einem befreiten Namibia, oder man sagt ihnen, daß sie sich gegen den «Kommunismus» verteidigen müssen. Als ob man mit Waffengewalt die Menschen daran hindern könnte, Kommunisten zu werden. Erst nach zwanzig Minuten war der Konvoi, der zur Grenze anstieg, an den weißen Farmern vorbeigezogen.

Der große Häuptling der Herero, der erst nach langem Zögern der Teilnahme an der *Turnhallenkonferenz* und den Verhandlungen mit den «Buren-Kolonisatoren» zugestimmt hatte, ist am Ostermontag ermordet worden. Ich war so naiv gewesen anzunehmen, daß nach dieser Konferenz die Menschen in Namibia freier wären.

Wer hatte ihn getötet? Diese Frage stellt sich jetzt jeder. Natürlich waren Pistole und Patronenhülse russischer Herkunft. Als Leser von Kriminalromanen kennt man die Methoden des CIA allmählich, und man ist geneigt zu glauben, daß es die Südafrikaner waren; denn der Herero-Häuptling hatte angekündigt, daß er sich von der Konferenz zurückziehen werde, weil er sich manipuliert fühle. Aber auch im Innern seines Stammes herrschten Rivalitäten. Und schließlich war er für die SWAPO ein «Verräter» und «Kollaborateur». Seine Chancen, der erste schwarze Präsident eines unabhängigen Namibia zu werden, standen nicht schlecht, denn er war sehr populär. Bei seiner Beerdigung waren Tausende von Menschen zugegen. Die Ovahimba, ein Zweig der Herero, die im Nordwesten von Namibia ansässig sind und noch sehr traditionell leben, haben, als sie vom Tod ihres Häuptlings erfuhren, ihre Teilnahme an den Totenfeiern angekündigt und mitgeteilt, daß sie ihm zu Ehren zwei junge Mädchen opfern würden. Die Behörden haben selbstverständlich abgelehnt! Nach langem Palaver haben sie der Opferung von zwei Lämmern während des Begräbnisses zugestimmt und um die Erlaubnis gebeten, in den Eingeweiden der

Tiere zu lesen, wer der Mörder ihres Häuptlings war. Nach längerer Meditation drehte der Priester sich nach links in die Richtung der Weißen und zeigte mit dem Finger auf sie. Selbst wenn man mit dieser Art von Bräuchen nicht einverstanden ist, kann man diese Geste doch in einem allgemeineren Sinne interpretieren: da Südafrika von sich aus und ohne die Zustimmung der UNO diese Konferenz einberufen hat, hat es das Leben seiner «Kollaborateure» aufs Spiel gesetzt...

Wieder nach Hause zurückgekehrt, haben die Ovahimbo der Macht ihrer Traditionen nicht widerstehen können und angeblich die beiden jungen Mädchen geopfert, um das Böse von ihrem Häuptling abzuwenden.

Der Brief des Konsuls

Oktober 1978

Die Zeit vergeht. Ich habe keine Lust mehr, an Dich zu schreiben, weil ich Dich nicht mit meinem Pessimismus anstecken und Dich nicht unnötig beunruhigen möchte. Hab keine Angst. Piet und den Kindern geht es gut. Piet hat zwar seine Arbeit verloren, aber eine neue gefunden. Ich bewundere seine Anpassungsfähigkeit. Ihm ist es egal, was er macht, Hauptsache, er verdient etwas und kann seine Familie ernähren. Er ist nicht sehr anspruchsvoll und gibt alles, was er hat, um uns glücklich zu machen. Wir leben sehr bescheiden, weil ich meine Arbeit in der deutschen Privatschule nicht mehr habe. Stell Dir vor, nachdem man mich entlassen hatte, hat der Schulvorstand mir wegen meiner guten Ergebnisse am Ende des letzten Schuljahres gratuliert. Meine Schüler waren die besten des (südafrikanischen) Abiturs.

Immer noch bombardiert die UNO Südafrika mit Resolutionen und droht mit Wirtschaftssanktionen, wenn es sich nicht aus Namibia zurückziehe. Südafrika dagegen spricht der UNO das Recht ab, einseitig diesem Land die Unabhängigkeit zu geben, kann sich aber selbst nicht dazu durchringen, Wahlen zuzulassen, aus Angst, die SWAPO könne sie gewinnen. Deswegen ist eine Gruppe von Franzosen, Deutschen, Briten, Amerikanern und Kanadiern ins Leben gerufen worden, um eine Lösung für das Namibia-Problem zu suchen und zwischen Südafrika, der UNO und der SWAPO zu vermitteln. Im Zentrum steht die UNO-Resolution 435, die Wahlen unter internationaler Aufsicht (UNO-Truppen) vorsieht. Die südafrikanischen Truppen sollen sich aus Namibia zurückziehen. Das wäre eine Reduzierung um 20 000 Mann auf 1500; an ihre Stelle träten 7000 Soldaten der UNO. Die SWAPO und Südafrika haben dem zugestimmt. Ich konnte es nicht glauben. Entweder spielen die Südafrikaner Komödie, um Zeit zu gewinnen, wie die weißen Nationalisten bei der *Turnhallenkonferenz*, oder sie haben ihre Meinung völlig geändert. Der französische Botschafter, Dienstältester unter den europäischen und amerikanischen Diplomaten und einer der Initiatoren der Vermittlergruppe, hat zu mir gesagt: «Ich will daran glauben, daß unsere Initiative Erfolg hat.» Ich habe keine Lust mehr zu hoffen.

März 1979

Wir hatten Wahlen, aber nur «interne». Erstaunt Dich das? Erinnerst Du Dich an die *Turnhallenkonferenz*? Die Delegierten hatten die Unabhängigkeit für Ende 1978 festgesetzt. Sie hatten Wahlen unter Beteiligung der SWAPO gefordert. Diese hatte abgelehnt, sie verlangte Wahlen unter internationaler Aufsicht. Südafrika hat daraufhin jetzt «interne» Wahlen organisiert und sie auch selber kontrolliert; das war im vergangenen Dezember, wobei es erklärte, daß es international überwachten Wahlen «in einer nahen Zukunft zustimmen» werde. Die Naiven sind mit Begeisterung wählen gegangen in der Annahme, daß es sich um die Generalprobe für die «richtigen» Wahlen unter der Aufsicht der UNO-Truppen handele.

Die haben jedoch noch nicht stattgefunden. Warum, weiß ich auch nicht. In den Zeitungen hier steht, der Grund sei, daß die SWAPO die Bewilligung von Stützpunkten fordere, die sie noch nicht einmal militärisch erobert habe. Wer lügt? Ich merke immer mehr, daß die Suche nach der Wahrheit ein langer und beschwerlicher Weg ist und daß wir mit unserer ganzen Intelligenz und allen unseren Kräften der Propaganda von außen Widerstand entgegensetzen müssen. Ich lese kaum noch die lokale Presse. Ich will mich nicht vergiften lassen.

Die südafrikanischen Militärs haben kürzlich einen ganz verheerenden Luftangriff in Angola gegen die Zufluchtsstätten der SWAPO geflogen. Dabei haben sie zweitausend Tonnen Kriegsmaterial aus der Sowjetunion und den Ostblockländern erbeutet. Natürlich haben sie gleich ausländische Journalisten als Zeugen ihrer Ausbeute in den Norden des Landes eingeladen. Alles war in schönster Ordnung aufgereiht: Kalaschnikows, so weit das Auge reicht, Gewehre, Minen, Granaten, Medikamente (auch aus der Schweiz und von der UNICEF), Konservendosen aus vielen verschiedenen Ländern, Druckerzeugnisse in russischer Sprache.

Der Anblick des Kriegsmaterials hat mich erschüttert. Meine Kehle war wie zugeschnürt, und ich konnte kein Wort mehr rausbringen. Es klingt komisch, aber ich habe zuerst an die russischen Arbeiter gedacht und wie lange sie wohl an diesen Todesgeschossen gearbeitet haben. Sicher hatte man ihnen eingeredet, daß damit der «kapitalistische Imperialismus» bekämpft werden solle. Alle diese Waffen dienen dazu, «den befreiten Völkern Afrikas das Glück zu bringen».

Die südafrikanischen Offiziere jubelten. Es war ihnen gelungen, der Welt einen handfesten Beweis für die russische Präsenz in Angola zu liefern, was sowieso schon jeder ahnte. Außerdem hatten sie noch sehr erfolgreich ein Lager der SWAPO bombardiert, es gab sechshundert Tote, Frauen und Kinder eingeschlossen. Die hiesigen Zeitungen haben folgendes dazu geschrieben: «Sie haben nur bekommen, was sie verdienen, denn sie sind Terroristen.»

Als ich von meiner Reise aus dem Norden zurückkam, fand ich einen Brief des Schweizer Konsuls aus Kapstadt vor, der uns ankündigte, daß alles für die Evakuierung der Schweizer im Falle schwerer Konflikte vorgesehen sei: «*Liebe Landsleute*, wie Sie wissen, kann die Unabhängigkeit eines Landes Konflikte nach sich ziehen...» Nach dem, was ich soeben gesehen hatte, war es mir tröstlich zu wissen, daß mein Land uns nicht vergißt. Aber dieser Brief zeigt auch, wie ernst die Situation ist. Wenn man mittendrin lebt, merkt man es oft nicht. Ja, auch die Spannung unter den Weißen selbst wird immer stärker. Sie benutzen jetzt die gleichen Methoden wie einst die OAS in Frankreich zur Zeit des Algerienkrieges. Kürzlich haben Extremisten eine Handgranate in die Freimaurerloge geworfen. Einer von Piets Freunden wurde dabei zerfetzt. Es wird auch erzählt, daß die Polizei Leute foltert, damit sie ihre Zugehörigkeit zur SWAPO gestehen.

Die letzten Kolonialherren Afrikas sind auch nicht mehr in einer Front vereinigt, wie zur Zeit meiner Ankunft in diesem Land. Damals waren sie wie eine uneinnehmbare Festung, vereint gegen die «minderwertigen» Schwarzen. Jetzt verlieren sie allmählich den Kopf, verhärten sich und töten einander. Größtenteils wollen sie einfach den Lauf der Geschichte aufhalten. Selbst die Familien sind zerstritten. Der Vater ist gegen den Sohn oder den eigenen Bruder. Die Frauen mischen sich ein und ergreifen für den einen oder anderen Partei. Man schreit, man schimpft, man ist eingeschnappt, man tötet. Der zweijährige Militärdienst der jungen Leute in Südafrika führt zu Dramen: «Das ist nicht unser Vaterland, warum sollen wir uns opfern? Das Land wird so oder so unabhängig.» Aber das Militär propagiert diesen Krieg als großen Kreuzzug gegen den Kommunismus. Wie früher die Boys in Vietnam. Die Ereignisse in Angola haben zu einer Auflösung der unveränderlichen Strukturen in der namibischen Gesellschaft geführt. Alles ist im Fluß. Der Rassenkonflikt verliert an Schärfe. Einige Schulen, Kirchen und Clubs werden nun gemischtrassig geführt. Wenn man die Schwarzen schon dazu benutzt, das Land gegen die «Terroristen» der SWAPO zu verteidigen, kann man ihnen wohl schlecht die Bürgerrechte verweigern. Aber die weißen Nationalisten bestehen weiter auf einwandfrei reinrassigen Schulen und Kirchen.

Ich fühle mich alles andere als wohl. Sikunda sagte neulich: «Madame, du hast Sorgen. Du mußt essen. Denk doch an die Hungrigen in Angola. Kehr heim zu deinen Leuten. Das haben die portugiesischen Frauen auch in den Jahren vor der Unabhängigkeit gemacht.»

Du streckst mir ja schon seit langem Deine Hand entgegen. In einem Monat etwa werde ich kommen und unsere Rückkehr vorbereiten. Es ist unmöglich, noch länger in dieser Kriegsstimmung zu leben.

Das Überleben

Stärker als alles andere

Dezember 1980

Sicher fragst Du Dich, was mit Deiner kleinen Zwillingsschwester passiert ist, die Dir seit ihrer Rückkehr hierher vor fast zwei Jahren nicht mehr geschrieben hat. Wahrscheinlich bist Du sehr beunruhigt. Aber Du weißt ja, daß es Phasen im Leben gibt, in denen man einfach keine Lust hat, von sich zu erzählen, weil man genug damit zu tun hat, sich selbst im Gleichgewicht zu halten. Ich will Dir jetzt nicht lang und breit eine Depression beschreiben, denn das ist ja wohl eine in Europa verbreitete Krankheit, die Du sicher kennst. Hier kommt sie eher selten vor. Doch der Prozeß der Entkolonialisierung hat bei vielen zu Traumata und bei einigen alten Kolonialisten zu Selbstmorden geführt. Es gibt hier Menschen, die ganz plötzlich um zehn Jahre gealtert oder dick geworden oder abgemagert sind. Jeder hat den Schock auf seine Art verarbeitet. Zwei meiner früheren Schüler haben mich nach zwei Jahren Militärdienst besucht. Ich habe sie nicht wiedererkannt. Die Jugend war aus ihren Gesichtern verschwunden, das waren Männer mit hartem und verschlossenem Blick. Welche Grausamkeiten mochten sie erlebt haben? Ich habe nicht gewagt, sie danach zu fragen.

Du erinnerst Dich, daß ich meinen Aufenthalt in der Schweiz ganz überstürzt abgebrochen habe, obwohl ich mit der Absicht gekommen war, mich ein wenig um meine Gesundheit zu kümmern und unseren Umzug vorzubereiten. Hals über Kopf und ohne Erklärung bin ich nach Namibia zurückgekehrt. Verzeih mir, aber ich war so ratlos, so verloren. Ich hatte nicht die Hilfe gefunden, die ich wirklich brauchte. Der Chefarzt einer großen Schweizer Klinik hat mich untersucht und in ernstem, sachlichem Ton gesagt: «Madame, das ist psychosomatisch.» Ich fragte ihn, was das bedeutete, denn in Namibia hatte ich dieses Wort noch nie gehört. Dort haben wir mit so wesentlichen Problemen des Überlebens zu kämpfen, daß wir nicht die Zeit haben, uns um einen Psychiater zu kümmern. Er glaubte, daß ich mich über ihn lustig machen wollte. «Wie, Sie wissen nichts von der modernen Medizin? Sie haben mit sich und Ihrer Gesundheit gespielt und nun müssen Sie teuer dafür bezahlen.» Was wollte er damit sagen? Ich verstand die Bedeutung seiner Worte nicht. Ich hatte den Eindruck, ein aufregendes menschliches Abenteuer gelebt zu haben, selbst wenn es seine gefährlichen Seiten gehabt hatte. «Auf jeden Fall ist das nicht mein Gebiet», meinte er dann. «Sie brauchen einen Psychiater.» Da habe ich es vorgezogen, nach Namibia zurückzukehren.

Ich fühlte mich wieder besser, als ich nach Afrika zurückgekehrt war und dieses – trotz all seiner Ungerechtigkeiten, trotz des Kriegs und der verworrenen politischen Probleme – geliebte Land in all seiner Schönheit wiedersah. Wir sind mit den Kindern einige Tage in die Wüste gefahren und haben unter freiem Himmel geschlafen, die Augen unter dem Sternenfirmament weit geöffnet, bis der Schlaf uns aus unseren Betrachtungen entführte. Das hat mir gutgetan.

Aber ich war noch lange nicht geheilt. Ich war so abgemagert, daß alle Leute erschraken. Vor allem die Kinder machten sich Sorgen. Ich war in einer friedlichen Atmosphäre, ohne Sorgen, fernab von Kriegen aufgewachsen und lebte jetzt in diesem Universum von Gewalt – das war mein Dilemma. Zwei Bekannte gaben mir den Namen eines jüdischen Arztes deutscher Herkunft in Johannesburg, den ich aufsuchen sollte. Ohne Begeisterung machte ich mich auf den Weg, ich hatte es allmählich satt, von Krankheiten zu sprechen.

Als ich in Johannesburg ankam, konnte ich mich nicht mehr beherrschen: Auf dem Weg zum Arzt mußte ich mich mehrmals in einem dieser Hochhäuser im Zentrum verstecken, um dem Strom meiner Tränen freien Lauf zu lassen. Ich sah die Blicke der Schwarzen, die diese komische Weiße angafften, die sich in denselben Ecken rumtrieb, wo sie in aller Eile einen Schluck Brandy runterkippten oder Poker spielten.

Das Gespräch mit dem Arzt, einem Mann um die Fünfundsechzig Jahre, war kurz. Er stellte mir einige Fragen und untersuchte mich dann. Mir war alles egal, selbst wenn er mir gesagt hätte, daß ich Krebs habe, wäre ich noch erleichtert gewesen. Aber bei ihm habe ich dann zum erstenmal gespürt, wie befreiend Worte sein können, die bis in die Tiefe der Seele vordringen. Im Grunde war seine Diagnose die gleiche wie die des Schweizer Professors, doch seine Art, mit mir darüber zu sprechen, war völlig anders. Er trat zu mir, nahm meine Hände und sah mir schweigend lange und fest in die Augen.

«Willst du leben oder sterben?» Ich sah ihn fragend an. «Ja, du hast keine physischen Krankheiten, aber du läßt dich von den Ereignissen hier in Namibia verschlingen und kannst sie nicht bewältigen. Sie verletzen dich. Du mußt einen Abstand zwischen dir und den Ereignissen schaffen. Wenn du das nicht kannst, mußt du weggehen, auch wenn dein Mann nicht mitgehen will. Deine Kinder brauchen deine Liebe.»

Er hielt einen Augenblick nachdenklich inne. Auch ich dachte nach. Wie sollte ich zwischen mir und den täglichen Ereignissen Abstand schaffen? Das erschien mir unmöglich. Dann begann er wieder: «Suche und entdecke die Schönheit in allen Dingen. Das ist genauso wichtig wie die Politik.» Welcher Luxus, dachte ich, während gleichzeitig andere Menschen leiden. Aber die menschliche Wärme, mit der er mir seine Ratschläge gab, trieb mir die Tränen in die Augen. Er merkte es. «Glaub nicht, daß du einen Psychiater brauchst. Du bist vollkommen normal. Ich habe Vertrauen in dich. Wenn du irgend etwas hast, kannst du mich jederzeit von Windhuk aus anrufen. Ich bin da. Und nun geh in einem der besten Restaurants Johannesburgs essen.»

Ich hatte dem nichts hinzuzufügen. Er hatte meine Seelenqual verstanden, ich hatte einen Freund und Vater gefunden. Er hatte mich wieder zum Leben erweckt, und ich gehorchte ihm aufs Wort. Sofort ging ich in ein italienisches Restaurant. Ich spüre noch den Geschmack dieser ersten Pizza und des Espresso; diese Dinge hatte ich mir seit Monaten versagt, weil jedes Essen mir schreckliche Schmerzen verursachte. Ich begann mit dem Kellner zu plaudern. Er war aus Rom und erzählte mit Begeisterung von seiner Geburtsstadt. Sätze auf italienisch flossen mir über die Lippen, Bilder aus der Ewigen Stadt, die sich meinem Gedächtnis bei meinem Aufenthalt 1961 fest eingeprägt hatten, erstanden wieder vor mir: die Via Appia, die tausend kleinen Kirchen aus roten Ziegelsteinen, Michelangelos Gott, der die Finger Adams berührt. Warum gerade dieses Fresko?

Ich schrieb ganz schnell alles auf, was der Arzt mir gesagt hatte, denn wenn man depressiv ist, hat man ein Gedächtnis wie ein Sieb. Es ist so übermüdet, man vergißt so schnell. Ich habe diese Zeilen anschließend wieder und wieder gelesen, um mich daran zu halten: einen Abstand zwischen sich und den Ereignissen schaffen, Schönheit in allen Dingen suchen. Woher die Kraft nehmen, die eine solche Distanz zuläßt?

Als ich wieder in Windhuk war, vergaß ich die Politik und machte mich daran, alle Gerichte aus meiner Kindheit zu kochen, mit viel Würze und aromatischen Kräutern, wie unsere Mutter aus dem Tessin. Das Wasser lief mir im Munde zusammen, und die Kinder waren glücklich. Ich war dumm gewesen, dies alles zu vernachlässigen. Erinnerst Du Dich noch daran, daß ich Dir in einem Brief schrieb, das Essen sei nicht so wichtig? Was für ein intellektueller Idealismus! Allmählich fand ich zum Leben zurück und entdeckte, daß ich noch jung war. Nach und nach eignete ich mir wieder Teile meiner Kultur an, die ich ja über Bord geworfen hatte, um mich aus Liebe zu Piet besser an dieses Land anzupassen. Mit den Kindern sprach ich wieder Französisch, was ich aufgegeben hatte, als sie in die Schule kamen. Ich hatte es ihnen leichter machen wollen, denn sie sprachen ja schon drei Sprachen: Deutsch, Englisch und Afrikaans. Die Musik meiner Muttersprache, die ich nur noch sporadisch mit Journalisten und Diplomaten hörte, belebte mich zusehends und begeisterte auch die Kinder. Bestimmte Ausdrücke der Zärtlichkeit kann man nur in der eigenen Sprache sagen, in einer anderen wirken sie inhaltslos. Wie hatte ich die Kinder vernachlässigt! Die Politik und die Ereignisse hatten mich so sehr mit Beschlag belegt, daß ich vergessen hatte, ihnen mein Bestes herzugeben. Auch sie schienen zu neuem Leben zu erwachen.

Ganz bestimmte Elemente unserer Kultur gehören so eng zu unserem Wesen, daß unsere Seele unheilbare Verletzungen davonträgt, wenn wir uns darüber hinwegsetzen. Ich hatte in einem Zustand der kulturellen und existentiellen Entfremdung gelebt, was sicherlich mein eigenes Verschulden war, aber auch das der Menschen um mich herum, die die Werte anderer Kulturen einfach ignorierten oder verachteten. Ich selber hatte nicht gezählt mit meinen Ansichten und mit meiner Persönlichkeit, die sich so von der ihren unterschied. Ich hatte mich immer nur anzupassen.

In kleinerem Maßstab hatte ich die Erfahrung aller Kolonisierten gemacht. Jetzt verstehe ich, wie wichtig es ist, einen Menschen mit seiner Kultur anzuerkennen, und ich begreife, warum die letzten Kolonialherren sich so an ihrer eigenen Kultur festklammern. Weil sie diese aber anderen als das einzige gültige Modell auferlegen wollen, töten oder verstümmeln sie die Seele der Kolonisierten. Sie machen aus ihnen Schizophrene, besonders aus den Intellektuellen. Das provoziert dann gewaltsame Reaktionen, mit denen diese sich zu befreien suchen. Die Weißen hier merken gar nicht, daß sie selbst für diesen Prozeß verantwortlich sind, haben sie doch nur zum «Besten» der anderen gehandelt, ohne diese allerdings zu fragen, ob sie das überhaupt wollen. Und natürlich haben sie ein gutes Gewissen, wie die Pharisäer in der Bibel, die die Zehn Gebote genau beachtet und trotzdem Jesus Christus gekreuzigt haben. Denn er hatte ihre bestehende Ordnung bedroht.

Aber sie irren sich. Sie werden wirklichen Frieden – nicht den mit Waffengewalt herbeigeführten – nur finden, wenn jeder hier seinem Wesen und seiner Eigenart gemäß leben und sich frei entfalten kann. Ich habe beschlossen, mich in diesem Sinne zu engagieren.

Ich denke oft mit tiefer Dankbarkeit an den jüdischen Arzt zurück, der mich wieder zum Leben erweckt hat. Und nun möchte ich Dir als Deine kleine Schwester ein Geheimnis anvertrauen, denn wir haben uns doch immer alles gesagt: Wir tragen eine geheimnisvolle Kraft in uns, die stärker ist als alle zerstörerischen Mächte. Als ich spürte, daß ich allmählich starb, merkte ich auch, daß noch nicht alles zu Ende war. Irgend etwas von Bestand war da, und es war stärker als alles andere.

Die Ewigkeit schmecken

März 1981

Ich habe ein paar Tage im Wüstenforschungsinstitut von Gobabeb verbracht. Ich mußte einfach nachdenken. Diese Erfahrung hat unbekannte Seiten in mir angerührt. Die Entfremdung meiner ganzen Persönlichkeit, die Kolonialfamilie, die Politik und Guerilla hatten alle meine Energie aufgezehrt und mir den Blick für eine andere Wirklichkeit getrübt, die doch so nah und so schön ist.

Dieses in seiner Art einzigartige Institut liegt mitten in einer Oase zwischen hohen roten Sanddünen und der sich grenzenlos ausdehnenden Felswüste. Es stimmt schon, daß die Südafrikaner bei ihrer wissenschaftlichen Forschung und der Erhaltung der Flora und Fauna nicht knauserig sind. Ein Pluspunkt für sie. Ganz überraschend traf ich einen Professor vom Naturhistorischen Museum Paris, Yves Coineau. Er forscht hier über Insekten. Durch ihn habe ich mir bisher unbekannte Seiten an Namibia entdeckt. Die Namib-Wüste beispielsweise ist ganz außergewöhnlich; nur für einige Tage im Jahr breitet sich ein von der Küste kommender Nebel 50 bis 100 Kilometer landeinwärts aus. Diese Feuchtigkeit macht ein pflanzliches und tierisches Leben erst möglich, das dank eines Millionen Jahre alten Anpassungssystems und einer bewundernswürdigen Geschicklichkeit bis heute überdauert hat. Zum Beispiel klettert ein kleiner Käfer während der Nebeltage auf den Kamm einer Düne, stellt sich in Windrichtung, hebt die Hinterbeine und senkt den Kopf, damit winzige Feuchtigkeitstropfen in seinen Mund fließen können... Ein anderes Tier baut kleine Sandmäuerchen in Windrichtung, und saugt dann an den feuchtnassen Wänden. Die Viper macht ihren Leib stundenlang so platt wie möglich und leckt dann das auf ihrem Rücken angesammelte Wasser. Die Eidechsen haben sich im Laufe der Jahrmillionen Schwimmfüße zugelegt, um besser im Sand zu «schwimmen», das heißt um vor der glühenden Hitze des Tages im Sand Schutz zu suchen. Alles ist ein einziger Überlebenskampf in dieser feindlichen Umgebung: Auch die Pflanzen sind sehr geschickt. Die *Welwitschia mirabilis* ist so groß wie ein zehnjähriges Kind, ihre großen Blätter wachsen ganz dicht am Boden und fangen die Feuchtigkeit des Nebels auf. Gleichzeitig nimmt sie auch mit ihren Poren Wasser auf.

Anthropologen haben in der Dünengegend der Namib-Wüste sehr alte Überreste von Hominiden entdeckt. Sie weisen ein Alter von mehr als einer Million Jahren auf. Namibia gehört also zu den Regionen Afrikas, die die ersten Menschen hervorgebracht haben. In Gobabeb, noch mehr als in Twyfelfontein, wo ich die Felsmalereien der Buschmänner so bewundert habe, scheint die Zeit ihre Bedeutung verloren zu haben. Man rechnet in Jahrmillionen, eine mehr oder weniger, was macht das schon...! Hier zeigt sich das wirkliche Alter Afrikas, und die Stille der roten Wüste ist eine Botschaft aus der Ewigkeit.

Vor diesem Hintergrund wirkt das Erscheinen der letzten Kolonialherren Afrikas auf der historischen Bühne wie ein Gastspiel von nur wenigen Stunden. Wo werden sie in hundert, zweihundert oder gar in fünfhundert Jahren sein? Die meisten werden wohl geflohen sein, wenn sie sich nicht wie die *Welwitschia,* der kleine Käfer oder die Eidechsen der Wüste angepaßt haben.

Hier in Namibia ist es, als läge die Schöpfungsgeschichte aufgeschlagen vor Dir. Es gibt noch unberührte Orte, auf die der Mensch bisher keinen Fuß gesetzt, die er noch nicht verunstaltet hat. An der ganzen Atlantikküste und im Park von Etosha findet man alle Tierarten Afrikas, die noch nach dem großen Rhythmus der Natur leben: Sie werden geboren, lieben, reproduzieren sich, töten sich, sterben. Oh, ich kann Dir sagen, das ist schon ein großartiges Erlebnis, die Löwen aus der Nähe beim Festschmaus um einen Zebrakörper zu beobachten, während die Hyänen und Geier in gebührendem Abstand lauern. Oder sich plötzlich ganz nah bei einer Elefantenherde wiederzufinden, die sich an einer Wasserstelle aufgehalten hat, und zuzuschauen, wie das Männchen das Weibchen mit seinem Rüssel streichelt und sich an ihm reibt, bevor sie sich paaren; oder die kleinen Springböcke mit ihren Freudensprüngen zu erspähen, die Liebestänze der männlichen Strauße oder die Giraffen zu beobachten, die hin- und herschwanken, weil sie zu viel vergorene Früchte gegessen haben und plötzlich vor den Kadavern verdursteter Tiere innehalten. Was soll ich Dir noch erzählen? Vielleicht von den Seehundmüttern, die ihre Kleinen dank ihres Geruchssinns aufspüren, wenn sie vom Fischfang zurückkommen, von den hinterhältigen Krokodilen im Kavangofluß, die man für Baumstämme hält, und von dem kleinen Pinguin, den ich eines Tages an der Biegung einer Düne am Ufer des Atlantik gefunden habe.

Das sind Erlebnisse, die mich sehr tief berühren; man hat das Gefühl, bis ans Herz der Welt vorzustoßen. Dieser dauernde Kampf der Tiere ums Überleben, besonders, wenn sie nicht in der Nähe des Wassers leben, fasziniert mich immer wieder. Wenn sie das Wasser, den Inbegriff allen Lebens, trinken, sieht das aus, als würden sie eine heilige Handlung vollziehen.

Aber nicht nur die tierische und pflanzliche Welt hat um ihr Überleben zu kämpfen, sondern auch die unglaubliche Vielfalt der menschlichen Gattung. Im kleinen umfaßt Namibia alle großen rassischen Gruppen, die es gibt: Gelbe, Schwarze, Braune, Weiße und Rote, die das Abenteuer der «Zivilisation» zu unterschiedlichen «Stunden» der Menschheitsgeschichte durchleben. Dank der ihnen eigenen Methoden, Gesetze und Tabus ist es ihnen gelungen, über Jahrtausende hinweg zu überleben, bis die letzten Kolonialherren Afrikas kamen, um alles zu zerstören.

Ich habe Dir schon oft von den Buschleuten, den ältesten Bewohnern dieses Landes, erzählt. Vor ein paar Wochen haben wir uns die Felsmalereien der Buschleute in Twyfelfontein angesehen, zwei Auto-Tagesreisen von hier. Nach vielen Stunden Sandpiste unter einer erbarmungslosen Sonne haben wir schließlich diesen historischen Ort gefunden. Es ist einfach unbeschreiblich beeindruckend. Du weißt, wie manche griechische Tempel angelegt sind, die zu Andacht und Verehrung geradezu einladen. Die Andachtsstätte von Twyfelfontein liegt am Rand der Namib-Wüste, von roten Bergen eingebettet. Sie regt nicht nur zur Meditation, sondern auch zu einer Art Anbetung an. Du schmeckst förmlich die Ewigkeit, es kommt Dir vor, als lebtest Du in «einem anderen Zeitalter», der mythischen Zeit der Buschleute ohne Anfang und Ende. Einige der Bilder sind sehr alt, nach Ansicht der Ethnologen etwa siebentausend Jahre. Sie zeigen die gleichen Symbole, wie man sie von den Inkas in Peru kennt. Die Buschleute leben heute noch so wie vor vielen Tausenden von Jahren, aber man kann mit ihnen reden. Natürlich ist der Dialog mit ihnen nicht einfach, weil unsere Vorstellungen vom Leben so unterschiedlich sind. Doch durch sie dringt man in ein anderes Zeitalter der Menschheit, in dem man sich mit einer Armbanduhr lächerlich machen würde. Es käme einem einfach «kleinbürgerlich» vor, nicht in einem marxistischen, sondern in einem «zeitlichen» Sinn: Vielleicht sind die Buschleute noch im Besitz des Geheimnisses von der Ewigkeit.

Heute gehören die meisten von ihnen – abgesehen von etwa tausend Soldaten – zum Lumpenproletariat und können nicht einmal ihr physisches Überleben sichern. Sie sind die Opfer des «Fortschritts», sie, die doch bis heute Jahrtausende lang überlebt haben...

Die nördlichen Stämme haben auf der Grundlage der Subsistenzwirtschaft gelebt. Auch diese Menschen waren mehrere hundert Jahre lang sehr strengen, aber stabilisierenden Normen des Stammes unterworfen; alles unterstand heiligen Regeln, jede Übertretung war Frevel, denn sie bedrohte das Überleben der Gruppe. Bei manchen Stämmen wird der Häuptling in sitzender Stellung bestattet, den Kopf der aufgehenden Sonne zugewandt. Wie bei den alten semitischen Stämmen. Heute hat die Anwesenheit der Weißen dazu geführt, daß diese Einwohner Namibias ums Überleben zu kämpfen haben. Die meisten sind zerrissen zwischen ihren Traditionen und den modernen Lebensformen, und oft flüchten sie sich dann in die Hölle des Alkohols. Andere Stämme wären gezwungen, sich einem patriarchalischen System zu unterwerfen, um ihr Überleben zu sichern, in dem der Patriarch die absolute Herrschaft über alle innehatte. Jede Übertretung der Stammesgesetze wurde streng bestraft.

Und schließlich gibt es ja noch die letzten Kolonialherren von Afrika. Den Überlebensmodus, den sie von ihren Vorfahren übernommen haben, zwingen sie anderen im Namen der überlegenen weißen Rasse und im Namen Gottes auf und bringen damit das psychische und vor allem das moralische Überleben anderer in Gefahr, wenn diese nicht in der Lage sind, sich dem anzupassen oder dagegen zu revoltieren. Auch mich hätte dieser Zwang fast kaputtgemacht. Dieser weiße Stamm will herrschen, wenn nötig mit Waffengewalt, auch wenn wir inzwischen im Jahr 1981 leben, die Menschenrechte proklamiert sind und der Aufstieg der Schwarzen unaufhaltsam die alten Strukturen sprengt. So stehen sich das traditionsreiche dahinsterbende schwarze Afrika und das moderne Afrika mit seiner überschäumenden Hoffnung auf Leben gegenüber. Wenn dieses Leben sich nicht frei entfalten kann, wenn es weiterhin so gegängelt und domestiziert wird, werden Verweigerung und Radikalismus die Folge sein.

Der Aufstieg der Schwarzen

Juni 1981

Man muß der ersten provisorischen Regierung, die Südafrika 1979 eingesetzt hat, zugute halten, daß sie einige politische Fortschritte gebracht hat: Schwarze und Farbige partizipieren – und sei es auch nur ein wenig – an der Ausübung der Macht. In der UNO behandelt man sie zwar wie «Marionetten» der südafrikanischen Regierung. Doch solche Vereinfachungen sind gefährlich. Sie haben sich für eine Zusammenarbeit mit der Kolonialmacht, die sie benutzt, entschieden. Sie wollen ihr Ziel mit friedlichen Mitteln erreichen, weil sie die Stärke der südafrikanischen Armee kennen und sich darüber keinen Illusionen hingeben.

Darüber hinaus hat die Regierung bestimmte Apartheidsgesetze abgeschafft. Im Erziehungs- und Gesundheitswesen und im religiösen Bereich bestehen sie noch. Die Liebe zwischen den Rassen ist jedoch nicht mehr verboten. Man darf lieben, wen man will, ohne dafür von der Polizei verfolgt zu werden. Doch die Abschaffung von Gesetzen beinhaltet noch nicht die Abschaffung von Einstellungen. Diese werden sich noch lange halten.

Aber auch die Stimmung in Namibia ändert sich allmählich. Schwarze und Farbige, die ich nur als unterwürfig, verschwiegen und voller Komplexe erlebt habe, lassen nach und nach die Maske fallen: sie sind selbstsicherer geworden. Ich bin Zeuge einer zaghaften menschlichen Wiedergeburt; die Menschenrechte geben diesen Unterdrückten ein wenig von ihrer Seele, ihrer verlorenen Identität zurück. Man muß das gesehen haben, um es zu verstehen. Die klassenmäßigen Unterschiede treten immer deutlicher hervor. Schwarze und Farbige beginnen um die qualifizierten Arbeitsplätze zu konkurrieren: Tischler, Maurer, Mechaniker, Verwaltungsangestellte, Verwalter, Farmer. Sie haben ihr Gehalt, ihr Haus und ihren Wagen. Eine gewisse Liberalisierung setzt sich durch.

Der Dialog zwischen den Rassen, vorher etwas Unvorstellbares, kommt – wenn auch zögernd – in Gang. Die Menschen fangen endlich an, wie Gleichberechtigte miteinander zu reden. Ich höre nicht mehr, daß jemand *baas* sagt, ein Wort, das mich anfangs auf dem Hof so in Staunen versetzt hat. Die Leute laden sich untereinander ein, wenn auch ein wenig verlegen, und entdecken, daß die Apartheid gelogen hat: Der andere ist nicht so anders, wie man dachte, und muß mit den gleichen existentiellen Problemen fertig werden wie man selbst: mit Leid, Krankheit und Tod, mit den gleichen Hoffnungen auf Friede, Glück, Liebe. Ich hatte das alles schon durch meine bevorzugte Stellung als Journalistin, meine Kontakte auf dem Gut und in Windhuk durch meine angolanischen Freunde und Ananias kennengelernt. Aber wenn ich es den anderen erklärte, glaubten sie mir nicht.

Inzwischen ist es Mode geworden, Schwarze nach Hause oder zu Cocktailparties einzuladen. Das ist ein ganz schöner Snobismus, und die Schwarzen machen sich da nichts vor, sie reagieren sehr sensibel. Andererseits besteht bei vielen Weißen aber auch der aufrichtige Wunsch, Sünden der Vergangenheit wiedergutzumachen.

Auch die Liebe zwischen Weißen und Schwarzen muß jetzt nicht mehr verheimlicht werden. Leider gibt es unter den Weißen immer noch Hüter der «Reinheit» der Rasse. Das einzige, das dieser neu entstehenden namibischen Gesellschaft fehlt, ist eine schwarze Elite. Ein wichtiger Impuls für die intellektuelle Weiterentwicklung könnte durch die Rückkehr der Exilierten entstehen. Nur wenige von ihnen haben die Amnestie in Anspruch genommen, als sie von dem dafür zuständigen Verwaltungsbeamten zur Rückkehr eingeladen wurden. Zu Recht sind sie mißtrauisch. Aber es gibt auch ideologische Gründe, die sie zurückhalten. Nur etwa zehn von ihnen sind bisher gekommen. Ihre Lebensgeschichte ist faszinierend. Sie erzählen mit Bescheidenheit und einer rührenden Natürlichkeit von dem, was sie erlebt haben. In Europa wären sie wohl die Stars der Massenmedien. Hier spricht man kaum von ihnen, denn schließlich sind sie ehemalige SWAPO-Mitglieder, «Terroristen», und man will doch nicht die Gefühle der letzten Kolonialherren Afrikas verletzen, die sie doch immerhin inzwischen im Land dulden.

Ich habe ein Interview mit Paul gemacht, dem ehemaligen Vertreter der SWAPO in den skandinavischen Ländern. Anfangs waren wir in einem Restaurant, doch als unsere Unterhaltung immer engagierter wurde und andere Weiße von den Nebentischen auf uns zunehmend aufmerksam wurden, habe ich ihn nach Hause eingeladen, wo er vier Stunden lang erzählt hat! Auch Piet, Antoinette und Christophe haben zugehört. Ich habe vergeblich versucht, seine Geschichte in Namibia und Südafrika zu publizieren, um den Leuten hier zu zeigen, daß sie es nicht mit «Kommunisten» zu tun haben, sondern mit Patrioten. Die Geschichte wurde abgelehnt, Erklärungen werden in einem solchen Fall nie gegeben.

Während des Zweiten Weltkriegs hat Paul in der südafrikanischen Armee gedient. O ja, dafür waren die Schwarzen gerade gut genug – bei den blutigen Kämpfen der Europäer untereinander durften sie mitmachen, aber nach dem Krieg wurden sie der Apartheid unterworfen. Unzufrieden mit seinem Los entschloß er sich, bei der Gründung der SWAPO 1958 in Kapstadt bei der Südafrikanischen Kommunistischen Partei mitzumachen. Er war damals Matrose auf einem der Schiffe, die zwischen Kapstadt und Walfisch-Bay, dem einzigen Hafen Namibias, hin- und herpendelten, um heimlich Nachrichten zu befördern. 1960 wählte er das Exil, weil er den Rassismus und die ungerechten Zustände in Namibia einfach nicht mehr ertragen konnte. Mit einigen andern ging er zu Fuß nach Tansania, wo er ein Stipendium zu bekommen hoffte, um in einem westlichen Land zu studieren. «Das war der größte Fehler der westlichen Länder gegenüber der SWAPO», sagte er. «Wir alle wollten an europäischen Universitäten studieren, ohne über eine feste Ideologie zu verfügen. In Südafrika haben uns nur die Kommunisten geholfen, doch unsere Bewunderung galt Gandhi. Die westlichen Länder lehnten ab. Sie wollten es nicht mit Südafrika verderben. Als sie ihren Fehler erkannten, war es zu spät.»

Der SWAPO-Chef Sam Nujoma schickte sie nach Kenia, wo sie von der Befreiungsbewegung Mau-Mau lernen und Erfahrungen für die Praxis sammeln sollten. Zwei Jahre später durfte Paul dann nach Tansania zurückkehren und erhielt ein Stipendium für Rußland, dabei hatte er so gerne in die USA gehen wollen! Anfangs studierte er politische Wissenschaften an der Universität Kiew in der Ukraine, wo er täglich an einem zweistündigen Kurs marxistischer Schulung und Russisch teilnehmen mußte, was ihm ganz und gar nicht behagte: «Wieder mußte ich Dinge lernen, zu denen ich keine Lust hatte, genauso wie in Südafrika und in Namibia.»

Er bekam auch sehr bald mit, daß die Russen Unterschiede machten zwischen den Studenten aus den sozialistischen Ländern (Somalia, Kuba und Sudan) und aus anderen Staaten und die ersteren bevorzugt wurden. Außerdem fand er es ungerecht, daß die Studenten aus der Dritten Welt höhere Stipendien als die Russen selbst bekamen, dafür erwartete man von ihnen, daß sie in ihren Ländern für die Verbreitung der marxistisch-leninistischen Ideologie eintreten würden.

Paul hatte das Glück, quer durch die UdSSR reisen zu können und mit den Bauern in Kontakt zu kommen, von denen ihm manche ins Gesicht spuckten, da sie abergläubisch waren und noch nie einen Schwarzen gesehen hatten. In ihren Augen war er der Leibhaftige! Aber es gelang ihm auch, auf dieser Reise Freunde zu gewinnen. «Es waren sehr warmherzige Menschen, aber sie waren nicht glücklich, und sie waren gegen das System. Ich zog daraus den Schluß, daß es auch mit den Afrikanern nicht klappen würde. Wir hängen zu sehr an unserem Eigentum.» Er begann daher, sich für China und ein afrikanisch-asiatisches Solidaritätskomitee zu interessieren, was ihn den russischen Behörden suspekt machte. Er bekam Schwierigkeiten an der Universität, als er gerade mit Untersuchungen für seine Doktorarbeit begonnen hatte. «Das Leben in Rußland wurde für mich unmöglich. Ich hatte mein Land verlassen, weil ich nicht frei war, und erlebte in der Sowjetunion wieder das gleiche.»

Er kehrte nach Tansania zurück und machte sich an das Studium des afrikanischen Sozialismus des Präsidenten Nyerere. Die SWAPO schickte ihn nach Schweden, wo er den Posten des SWAPO-Vertreters für die nordischen Länder übernahm. So konnte er sein Studium weiterführen und vollenden in Englisch und Schwedisch. Als er diesmal nach Tansania kam, um an einem Weltkongreß aller SWAPO-Vertreter teilzunehmen, erkannte er, wie korrupt einige Führer waren, die für die Kämpfer bestimmte Gelder in die eigene Tasche steckten, Hilfsgüter verkauften, die für die Flüchtlinge bestimmt waren, und Bankkonten in der Schweiz hatten. Schlimmer noch, er erfuhr, daß einige tausend Mitglieder in Tansania und in Sambia im Gefängnis saßen, weil sie eine Demokratisierung der Partei gefordert hatten. «Namibier taten ihren Landsleuten solch ein Unrecht an! Das brachte das Faß zum Überlaufen. Ich habe nichts gesagt, um nicht auch ins Gefängnis zu kommen, sondern bin nach Schweden zurückgekehrt und aus der SWAPO ausgetreten.»

Von da an konnte er zum erstenmal in seinem Leben das Dasein eines normalen Mannes führen. Das war zwischen 1972 und 1977: Er heiratete – im Alter von fünfzig Jahren. 1977 erhielt er einen Brief eines Ovambo-Führers, der ihn bat, ins Land zurückzukommen, da «die Dinge sich geändert hätten, und das Land bald unabhängig werden würde». Wie er mir sagte, war er von den Änderungen, die Namibia während der siebzehn Jahre seines Exils mitgemacht hatte, wirklich beeindruckt. «Als ich von Namibia wegging, brauchte man eine Woche, um nach Ovamboland zu kommen; als ich wiederkam, nur noch fünf Stunden. Genau diesen Fortschritt wollten wir für unser Land, und nun standen wir auch noch vor der Unabhängigkeit – dem Ziel, für das wir so lange gekämpft hatten.»

Er ist nun Mitglied der gemischtrassigen Partei, die im Augenblick die Macht hat. Ich habe Angst, daß er enttäuscht wird. Das Exil hat ihn in fünf verschiedene Länder geführt, in denen er gearbeitet und studiert hat: nach Südafrika, Kenia und Tansania, in die Sowjetunion und nach Schweden. Zwangsläufig mußte er vier Sprachen lernen: Kikuyu, Swaheli, Russisch und Schwedisch. Außerdem spricht er Afrikaans, Englisch, ein paar Worte Französisch und natürlich seine Muttersprache Ovambo. Er hat fast alle Führer der afrikanischen Befreiungsbewegungen kennengelernt, darunter auch Amilcar Cabral, der einer seiner besten Freunde war. Und was hat er dann gemacht? Er ist in sein noch nicht unabhängiges Land zurückgekehrt und hat sich an die Arbeit gemacht. «Während meines Nomadenlebens habe ich begriffen, daß nirgendwo Patentlösungen existieren. Man muß die Menschen ändern: Alles hängt von denen ab, die an der Macht sind.»

Paul ist nicht der einzige, der uns beeindruckt hat. Auch andere sind zurückgekehrt, die als Nationalisten ein Bewußtsein von ihrer Verantwortung haben. Sie reden mit uns über ihre Erfahrungen, Hoffnungen, Enttäuschungen und über ihre Vorstellungen von einem Namibia von morgen. Für mich und die Familie ist dies eine unvergleichliche Bereicherung. Wir bilden hier die Vielrassengemeinschaft, von der ich seit meiner Ankunft geträumt habe. Wenn Du bedenkst, daß ich vierzehn Jahre warten mußte, bis die letzten Kolonialherren Afrikas diese Art von Freundschaften tolerieren! Früher wäre die Polizei bei uns eingedrungen, um uns zu verhaften...

Die Schwarzen erleben nicht nur im politischen und sozialen Leben einen Aufstieg, sondern auch im religiösen Bereich. Monsignore Kopmann, ein Deutscher, der mehr als zwanzig Jahre der Bischof aller katholischen Namibier war (ungefähr 17% der Bevölkerung, der

Rest sind Lutheraner), ist zurückgetreten, um – dem Wunsch Roms entsprechend – einem Schwarzen Platz zu machen. Ein Ereignis, welches das Namibia von morgen ankündigt. Zum erstenmal war die Kathedrale von Windhuk voll von Schwarzen und Farbigen – die Weißen waren in der Minderheit, weil viele von ihnen mit diesem Machtwechsel nicht einverstanden waren. Im Chor zelebrierten dreizehn schwarze und weiße Bischöfe aus Südafrika die Messe mit dem neuen Bischof, der eine Mitra aus Leopardenfell trug... Diese Rassensolidarität aus dem großen Südafrika, wo die Apartheid noch voll wirksam ist, hatte etwas Mitreißendes an sich. Der Abgesandte des Papstes, ein athletischer Ire, rief mit entschlossener Stimme zum Frieden und zur Versöhnung im Norden des Landes auf. Der neue namibische Bischof zitierte die Paulusworte: «Bleibt fest im Glauben...» Die Zeremonie war geprägt von viel Weihrauch und römischem Prunk. Das gefiel den Gläubigen, die hier noch an das Mysterium der Symbole gewöhnt sind. Die Abgesandten der anderen Kirchen begrüßten den neuen schwarzen Bischof. Die reformierte holländische Kirche glänzte durch Abwesenheit. Ebenso war kein offizieller Vertreter aus Südafrika dabei. All das wird sich jedoch eines Tages ändern.

Ich bin immer wieder erstaunt über die Religiosität der farbigen Namibier. Sie lehnen das Christentum nicht ab, wie andere afrikanische Länder, in denen der Islam schon Terrain erobert hat und das Christentum als «importierte» Religion gilt. Die Schwarzen, die drei Viertel der Bevölkerung des Landes ausmachen, kennen in ihrem Denken keinen grundsätzlichen Unterschied zwischen dem Sakralen und Profanen. Ihr gesamtes soziales Leben ist vom Geist des Religiösen durchdrungen. Das ist anders als bei den Weißen, die nur am Sonntag in die Kirche gehen. Fast alle Schwarzen sind Anhänger der Befreiungstheologie. Die Befreiung des Menschen durch Christus ist für sie nur auf dem Weg der politischen Befreiung möglich. Ich verstehe sie: Sie erleben den Exodus, sie warten auf die Rückkehr aus ihrem Exil. Sie sind genauso religiös wie die ersten Buren, die die burischen Republiken gründeten. Nur daß sie sich eben auf das Neue Testament berufen, das «revolutionärer» ist als das Alte Testament, das nach gängigem Verständnis die bestehende Ordnung garantiert.

Einige Befreiungstheologen hier sind Verfechter des Marxismus, dessen Gesellschaftsanalyse sie benutzen: Sie sprechen von «Ausbeutern» und «Ausgebeuteten», von «Unterdrückern» und «Unterdrückten». Vielen sind so die Augen über den Kolonialismus geöffnet worden, aber ich befürchte, daß es eine zu vereinfachende Analyse ist. In dieser Analyse wird der Mensch auf ein bloß historisches Wesen reduziert, das sich für die kommenden Generationen aufopfern muß, die Bibel scheint zu einem Traktat der politischen Ökonomie zu werden, und dem Menschen Christus begegnet man überhaupt nicht mehr. Aber weißt Du, es ist immer leicht, von außen etwas zu kritisieren. Das Evangelium ist oft die letzte Hoffnung, wenn die Armut einen erstickt, wenn man dauernd betrogen wird von den «Christen», die an der Macht sind.

In der Politik: die Macht kommt von Gott; in der Wirtschaft: das hoch-heilige Prinzip des freien Unternehmertums, gegen das ich grundsätzlich nichts habe, doch hier begünstigt es nur die Reichen. Im sozialen Bereich: man muß wohltätig sein und den Armen etwas geben, ohne dabei die Struktur zu ändern. Auch das Erziehungssystem ist davon geprägt; die Autorität wird nicht in Frage gestellt. Tut man es doch, gilt man als Kommunist, und ein Dialog ist nicht mehr möglich.

Oktober 1981

Ich kehre gerade von einem Aufenthalt im Norden des Landes zurück, aus dem sogenannten «Operationsgebiet», wo die Kämpfe der Guerilla stattfinden. Die Armee hatte alle Journalisten eingeladen, einer Ordensverleihung an die tapferen Krieger beizuwohnen. Wir waren in Omega, der Militärbasis des bedeutendsten Bataillons von Namibia, des Buschmann-Bataillons: Absingen der südafrikanischen Nationalhymne, Vortrag der Bibelstelle, in der Davids Mut beschrieben wird (in Afrikaans), Ansprache des kommandierenden Heeresgenerals, der die Statur de Gaulles hatte (ebenso in Afrikaans). Der militärische Kolonialismus mitten im geheimnisvollen und verschwiegenen Busch, genau an der angolanischen Grenze. Achthundert kleine Buschmänner standen in strammer Haltung und tadellosen dunkelbraunen Uniformen wie angewurzelt da und hörten aufmerksam zu. Sie sahen so unschuldig aus wie fünfzehnjährige Kinder, denen man befiehlt, Krieg zu spielen. Der Kommandant sprach mit mir voller «Liebe» (er war wirklich rührend) von «seinen» Buschmännern: «Sie stehlen nicht, lügen nicht und sind nicht Herr ihrer Gefühle. Entweder sind sie ausgelassen und glücklich, oder sie weinen und sind traurig. Sie haben ein außergewöhnliches Gehör und nehmen das Geräusch eines Hubschraubers schon aus dreizehn Kilometer Entfernung wahr. Richtige Radargeräte... Sie sind exzellente Soldaten, immer in vorderster Linie, sie sind bereit, ohne weiteres ihr Leben zu opfern und den Feind (die SWAPO) zu jagen, weil sie sich für unbesiegbar halten. Manchmal müssen wir sie bremsen.» Also wäre es doch gar nicht nötig gewesen, ihnen die Heldentaten des Königs David vorzulesen. Aber ich hatte nicht den Mut, es dem begeisterten Befehlshaber zu sagen.

Der Kommandant versicherte mir, daß die Worte Kommunismus, Demokratie und Ost-West-Konflikt sehr wohl eine Bedeutung für sie haben. Ich bezweifle das. Sie sind Söldner mit sanftem Blick und leuchtendem Lächeln. Sie verdienen so viel Geld, daß sie gar nicht wissen, was sie damit anstellen sollen. Sie vergraben etwas davon überall um ihre Hütten herum. Um diesem «Verbrechen» gegen den Kapitalismus entgegenzuwirken, hat das Militär ein Geschäft und eine Bank eröffnet, damit auch sie in den Genuß unseres Systems kommen können.

Die Südafrikaner bringen ihnen also «die» Zivilisation. Ich glaube nicht, daß die Franzosen oder Belgier mit den Pygmäen oder die amerikanischen Siedler mit den Rothäuten geschickter umgegangen sind. Man zeigt den Buschleuten, wie ein Wasserhahn, ein Maschinengewehr, ein Bleistift, die Toiletten oder ein Fotoapparat funktionieren. Sie lernen auch nur noch Afrikaans. Ihre Frauen, die früher die schönsten Halsbänder aus Straußeneiern herstellten, lernen jetzt von den Offiziersgattinnen häkeln und nähen. Sie müssen sich ja beschäftigen! «Ja, in materieller Hinsicht haben sie alles, um glücklich zu sein», fuhr mein Soldat fort, seiner selbst gar nicht mehr so sicher, «wir hatten ja nicht die Wahl.»

Stimmt das? fragte ich mich abends in unserer Hütte, in der es nach Holz duftete, einem eher seltenen Geruch in Namibia. Keine Wahl? Hatte er sich wirklich jemals diese Frage ernsthaft gestellt? Kolonialisten stellen sie sich nicht. Dieses «Glück der Zivilisierten» kostet die Seele der Buschleute, ihren inneren Reichtum, von dem wir fast nichts wissen, und vor allem ihre außerordentlichen natürlichen Fähigkeiten, die unseren raffinierten Erfindungen, die wir an ihre Stelle setzen, in nichts nachstehen.

Arme Buschleute, wenn sie ein Stück Wild töteten, baten sie es um Verzeihung und erklärten ihm, daß sie es taten, um zu überleben. Was flüstern sie nun den Leichnamen der Guerilla-Kämpfer aus der SWAPO zu? Vielleicht erzählen sie ihnen jetzt auf Weisung ihrer Vorgesetzten, daß es sein mußte, um im Ost-West-Konflikt zu überleben.

Nach meiner Rückkehr habe ich dem «Minister» der Buschleute in Windhuk meinen Besuch abgestattet, um ihn zu interviewen. Ich konnte ihn all das fragen, was mir schon damals bei meinem Abenteuer mit Tabari im Busch durch den Kopf gegangen war. Eine einzige Frage: «Was halten Sie von der Entwicklung?» veranlaßte ihn zu einer langen Rede. Das gesprochene Wort ist jenen Völkern heilig, deren Tradition auf mündlicher Überlieferung beruht. Da gibt es keine Lügen, keine sprachlichen Effekte, keinen Rationalismus. Das kommt von ganz tief innen und hat seine Wurzeln in einer intuitiven Intelligenz. Er antwortete auf alle meine Fragen ohne Umschweife: «Ja, wir wollen die Entwicklung des Landes. Jeden Tag ums Überleben zu kämpfen ist zu hart. Ja, der weiße Mann fasziniert uns. Aber ich will selber die Lösung für mein Volk finden. Ich kenne mein Volk, und mein Volk kennt mich. Gebt mir nur die Mittel, um ihm zu helfen! Aber mischt euch nicht ein!»

Eine Weisheit, die den Militärangehörigen völlig abgeht; sie brauchen die Buschmänner, um auf die Guerillakämpfer der SWAPO Jagd zu machen. Auch die Ökonomen begreifen nichts, denn sie interessieren sich nur für die großen Entwicklungsprojekte in dieser Region, wo ein Teil der Buschleute wohnt. Sie würden das Gebiet gerne zur Attraktion «für Touristen einer bestimmten Kategorie» umgestalten und denken dabei an ein Tierreservat, in dem die Buschleute dann nicht einmal mehr das Recht auf eine kleine Viehzucht haben würden. Die Buschmänner in den Zoo...!

Immer wieder begegnet man hier dieser fixen Idee, «für das Wohl» der anderen Entscheidungen zu treffen. Man begegnet ihr überall.

Vom Auszug der Weißen

November 1981

Du hast mich gefragt, was aus den letzten afrikanischen Kolonialherren angesichts des unaufhaltsamen Aufstiegs der Schwarzen werden wird. Nun, es ist gar nicht so leicht, Dir davon einen Eindruck zu vermitteln, zumal sich nicht alle gleich verhalten. Zur Zeit der Kolonisierung, als alles auf ewig unveränderlich schien, fühlten sie sich so sicher und glaubten fest an ihre Prinzipien. Heute «schwimmen» sie, sie haben den Boden unter den Füßen verloren, und ihre Welt wird plötzlich in Frage gestellt. Rhodesien ist jetzt das unabhängige Zimbabwe. Der Auszug der Weißen geht in Richtung Süden, wo sie die Reihen der Radikalen auffüllen werden. Da bleibt nur noch Namibia. Südafrika wird sich von innen heraus wandeln.

Das Problem stellt sich hier anders als in Angola, Mozambique oder Rhodesien, da das Mutterland der meisten Weißen Südafrika ist, wo ähnliche Probleme herrschen; diese Weißen können in kein Land mehr emigrieren, weil ihr Paß in der ganzen Welt verabscheut wird. Das trägt natürlich dazu bei, daß sie sich innerlich verhärten.

In Namibia sind die Flitterwochen der *Turnhallenkonferenz* vorbei. Die rührenden Appelle an Brüderlichkeit und Gleichheit ersterben allmählich. Die Weißen sehen sich gezwungen, der Realität ins Auge zu schauen. Ihre Haltung ist jetzt nicht mehr als ein Verteidigungs- und Angstreflex angesichts dieser schwarzen Flut, die langsam, aber unaufhaltsam alles infiltriert. Auch mich ergreift oft dieser Überlebenstrieb, das sage ich Dir ganz offen, trotz meiner Überzeugungen, meines Glaubens an die Menschenrechte und meines Verständnisses für die Situation der Unterdrückten.

Aber es gibt auch eine Minderheit von Kolonialherren, die aufrichtig nach Lösungen suchen, um das Schlimmste zu verhüten, und die bereit sind, auf ihre Privilegien als Weiße zu verzichten. Aber sie haben nicht viel Einfluß. Immer mehr begreife ich, daß Namibia das Experimentierfeld der südafrikanischen Regierung geworden ist, wie

Dan es mir schon vor sieben Jahren gesagt hat. In ihren Augen ist Zimbabwe der greifbare Beweis, daß «das nicht funktionieren kann», da Präsident Mugabe für die Zukunft einen Staat mit einer Einheitspartei angekündigt hat und es blutige ethnische Rivalitäten gibt. So gesellt sich zu ihrer Angst, als Weiße vernichtet zu werden, die Furcht vor dem Kommunismus, diesem Schreckgespenst, das sie allerorten an die Wand malen.

Dreißigtausend Weiße haben Namibia seit 1975 verlassen. Sie gehen nach Südafrika und nehmen ihr Goldgeschirr und andere Schätze mit, die sie aus Angst um ihr Geld nicht in Namibia lassen wollen. Dieses Geld stehlen sie dem Land, in dem sie es so leicht verdient haben und jetzt reinvestieren müßten. Sie betrügen die Armen um ihre Arbeit. Diese letzten Kolonialherren Afrikas, die die Flucht ergreifen, sind Menschen, die von niemandem Ratschläge annehmen, insbesondere dann nicht, wenn sie von Schwarzen kommen. Sie halten sich selbst für klüger als alle anderen. Und wenn sie zufällig einige ihrer Fehler erkennen, ist es zu spät. So gehen sie also weg und füllen die Reihen der Ultra-Konservativen in Südafrika, wo sie die gleichen Probleme schaffen werden. Oft sage ich mir, daß alles nur ein schlechter Traum ist und es doch wohl nicht sein kann, daß man hier in Namibia zu keinem Verständnis kommt. Wir sind doch eine große Familie, weiter nichts.

Der Dialog

April 1982

Ich war in Dakar, wo ich ein glückliches, intelligentes, künstlerisches und stolzes Volk kennenlernte, das voller Begeisterung für das Abenteuer des Aufbaus seines Landes ist, ein freies und schöpferisches Volk. Ich sage Dir, es ist schon beeindruckend für jemanden, der aus dem südlichen Afrika kommt, wo die Mehrheit unter dem Kolonialismus und dem Trauma der Apartheid leidet. Ich war von dem intellektuellen Niveau der Leute, die ich getroffen habe, ebenso fasziniert wie von ihrer selbstbestimmten Suche nach Authentizität. Sie kennen keinen Rassismus, die Hautfarbe spielt überhaupt keine Rolle. Sie haben den Kolonialismus gut verarbeitet und können distanziert von ihm sprechen. Was sie sehr beschäftigt, ist der Neokolonialismus, die Unmöglichkeit, ohne den Westen (oder die Ostblockländer) existieren zu können. Jetzt sind sie auf der Suche nach der wirtschaftlichen und kulturellen Unabhängigkeit. Die Losung des Tages ist, in allen Bereichen zu «senegalisieren», oder auch die «Selbstgenügsamkeit». Sie schreiben ihre Geschichte neu, führen wieder die Stammessprachen ein, die bis jetzt nicht schriftlich fixiert waren, und fördern die Entwicklung ihrer Schriftsteller, Philosophen und Historiker. In materieller Hinsicht mag es den Schwarzen in Namibia besser gehen, aber wie blockiert sie auf geistigem Gebiet sind, konnte ich in Dakar ermessen.

Der Höhepunkt meines Aufenthalts war ein Interview, das Präsident Senghor mir gewährte. Was für ein großer Mann! Ich war so verwirrt, als ich bei ihm zu Hause ankam, daß ich meinen Fotoapparat im Taxi vergaß. Das habe ich erst gemerkt, als ich schon im Warteraum war, und wollte hinauslaufen, um dem wartenden Chauffeur ein Zeichen zu machen, aber die Türen waren automatisch verschlossen. Ich bin schon eine erbärmliche Journalistin, mich so von meinen Emotionen beherrschen zu lassen. Da ich zu früh gekommen war – übrigens ein weiterer Fehler von mir –, hatte ich Muße, den Ort, an dem ich mich befand, genau unter die Lupe zu nehmen. Es war ein schönes Haus im sudanisch-sahelischen Stil, sandfarben und mit asymmetrischen Wänden. Überall lagen wertvolle Teppiche und Kunstgegenstände aus der ganzen Welt. Ich habe einen Blick auf seine Bibliothek geworfen: die Bibel, der Koran, Mao, griechische und lateinische Autoren und noch viele andere – als hätte sich die ganze Menschheit mit ihrer Kultur und Kunst hier bei einem «Schwarzen», einem Weltbürger, ein Stelldichein gegeben.

Der Präsident holte mich dann in sein Büro. Ich war bewegt, als ich vor diesem großen Mann stand, der so freundlich auf meine Fragen antwortete. Wir sind vom Hundertsten ins Tausendste gekommen und haben über eine Stunde miteinander geredet, über Senegal, Afrika, Namibia, Südafrika. Er hat Verständnis für die Südafrikaner und empfindet keinerlei Haß für sie. Aber er erwartet, daß «sie anfangen, die Schwarzen zu integrieren». Er glaubt, daß dann das Problem in ein oder zwei Generationen gelöst sein könnte.

Ich fragte ihn, ob die weißen und scharzen Namibier recht hätten mit ihrer Angst vor einer kommunistischen Regierung im Falle eines Wahlsiegs der SWAPO. Er antwortete mir: «Ja, aber dieses Risiko muß einfach eingegangen werden. Die Südafrikaner vergessen, daß die Afrikaner vor allem erst einmal Nationalisten sind. Sie benutzen den Kommunismus und den internationalen Sozialismus, um ihre Ziele zu erreichen.»

Präsident Senghor ist ein Mann des Dialogs. Er versteht nicht nur die legitimen Hoffnungen der Schwarzen, sondern auch die Agonie der Weißen. Er ist fünfundsiebzig Jahre alt, scheint sich aber bester Gesundheit zu erfreuen. Es gehen eine Ruhe des Geistes und eine Weisheit von ihm aus, um die man ihn nur beneiden kann. Bei den meisten europäischen Staatschefs hat man den Eindruck, daß sie von der Macht, den Sorgen und dem Leben völlig verbraucht sind. Die Zeit entgleitet ihnen. Das Geheimnis der Afrikaner ist, daß sie zwischen sich und den aktuellen Ereignissen Abstand bewahren können. Das ist das Rätselhafte an ihnen.

Als ich herauskam, war mein Taxichauffeur, ein junger Moslem, noch da. Er streckte mir den Fotoapparat entgegen und lachte. Auch ich lachte und war glücklich. Alles erschien mir plötzlich so einfach. Mit Präsident Senghor waren die Schranken zwischen den Rassen und Kulturen und die politischen Vorurteile verschwunden, hatten sich in Nichts aufgelöst. Es war mir, als hätte ich auf meinem Tonband die

Lösung der Probleme Südafrikas und Namibias festgehalten. Man brauchte diesem Weisen aus Afrika nur zuzuhören und alles würde gut werden.

Am nächsten Tag ging ich ins Reisebüro meines Hotels, um mein Flugticket nach Abidjan zu reservieren, wo zwei Schwarze meine Aufmerksamkeit auf sich zogen, die sich einfach nicht verständlich machen konnten. Es waren zwei Minister aus Swaziland, die in ihr Land zurückkehren wollten. Sie hatten an einer Konferenz über Verstädterungsprobleme teilgenommen und kaum etwas verstanden, weil die Konferenzsprache Französisch gewesen war. Jetzt hatten sie Heimweh. Als sie hörten, daß ich aus dem gleichen Teil Afrikas kam wie sie, hätten sie mich fast umarmt. Ich fragte, warum sie denn so schnell nach Hause wollten. Die Senegalesinnen seien doch so schön... Sie sahen mich ein wenig verlegen an und gestanden, daß sie die Frauen hier zu schwarz fänden.

Sie baten mich, sie zur *Medina* (dem Markt) zu begleiten, um Kleider für ihre Frauen zu kaufen. Ich hätte die gleiche Größe wie sie. Sie hatten einen furchtbaren Geschmack, aber beim Anprobieren der Kleider haben wir viel gelacht. Dann nahmen sie das Flugzeug nach Johannesburg über Paris. Nach ihrer Rückkehr haben sie Piet angerufen, der höchst erstaunt war, daß ihm ein Minister aus Swaziland Nachricht von seiner Frau in Dakar gab.

Am Tag vor meiner Abreise bin ich zur kleinen Insel Gorée gefahren, einige Kilometer von Dakar entfernt. Es ist ein berühmter historischer Ort, an dem einst die Sklaven auf die Sklavenschiffe verladen worden waren. Präsident Senghor hatte mir diesen Völkermord auf afrikanischem Boden erklärt: Zwanzig Millionen Sklaven seien nach Amerika gelangt; auf jeden, der lebend dorthin gelangte, kamen zehn, die unterwegs starben – also sind dem Sklavenhandel hundert Millionen Menschenleben Afrikas geopfert worden. Im «Haus der Sklaven» habe ich einem Lehrer gelauscht, der einer Gruppe von Zwölfjährigen das Unerklärliche zu erklären versuchte. Er schloß folgendermaßen: «Kinder, in diesem Haus hier wohnten die Weißen auf dem ersten Stock und hatten ein ruhiges Leben, unten lagen die Schwarzen angekettet und übereinandergestapelt in ihren Zellen. Sie waren von ihren Familien weggerissen worden. Wenn ihr diese Haltung der Weißen nicht versteht, können wir bei mir noch einmal privat darüber sprechen, und ich werde euch alles erklären.»

Ich hätte das am liebsten auf Tonband aufgenommen. Ob eines Tages die schwarzen Südafrikaner mit ebenso viel Takt und ohne Haß über das Unrecht sprechen können, das die Weißen ihnen angetan haben?

Ich wollte mit meinen Artikeln dazu beitragen, daß das Unmögliche möglich wird und die Schwarzen ihr Schicksal in die eigene Hand nehmen. Sie werden dann ihr Land regieren, ohne von einem Extrem ins andere zu fallen, auch wenn es schwere wirtschaftliche und soziale Probleme gibt. Doch ihnen muß endlich Verantwortung übertragen werden.

Als ich nach Südafrika zurückkam, war mein Notizbuch voll von Artikeln. Das Afrika-Institut in Pretoria hat die vielen Vorschläge, die ich nach meiner Rückkehr machte, alle nicht befolgt. Es lud niemanden ein, wie ursprünglich geplant, und es bat mich auch nicht mehr um meine Mitarbeit. Acht Monate später hat es lediglich zwei «modifizierte» Artikel von mir veröffentlicht, weil mein Englisch angeblich nicht gut genug war. Man erklärte mir, daß dem Institut die Hände gebunden seien, weil der Goldpreis so gesunken sei.

In Johannesburg besuchte ich meinen ehemaligen Arzt, der mich zu dieser Reise ermuntert hatte. Du kannst Dir sicher seine Überraschung vorstellen, eine zum Leben Erweckte wiederzusehen! Er teilte meine Freude und sah sich aufmerksam meine Fotografien an. Sie riefen Erinnerungen in ihm wach, denn er hatte während des letzten Krieges mit den Alliierten in Afrika gekämpft. Ich merkte, daß er sehr müde aussah. Er erzählte, daß seine Frau seit mehreren Monaten schwerkrank sei. Und er? Darauf gab er keine Antwort.

An manchen Tagen erfüllt Trauer mein Herz. Ich hätte ihm gern etwas von jenem Lebensfunken zurückgegeben, den er mir vor Jahren geschenkt hatte.

Eine Wirklichkeit auf Sand gebaut

August 1982

In Dakar hatte ich ein freies afrikanisches Volk erlebt, das sein Schicksal in die Hand genommen hatte und trotz aller Probleme glücklich war. Zurück in Windhuk, hatte ich von neuem die deprimierende Wirklichkeit Namibias vor Augen: unterdrückte Menschen, einen Bürgerkrieg im Norden des Landes, die Ausbeutung der Rohstoffe.

Natürlich hat es Fortschritte gegeben, seit ich hier ankam: wir werden von einer Gesetzgebenden Versammlung und einem gemischtrassigen Ministerrat regiert, denen Südafrika einen Anstrich von Macht gibt. Auch wenn sie nicht viel selbst entscheiden können, so kommt es unter ihnen doch wenigstens zu Diskussionen, und sie lernen etwas über das Funktionieren des Staates. Außerdem ist ein Teil der Rassendiskriminierung abgeschafft und der Lebensstandard der Menschen höher als in manchen anderen Ländern Afrikas. Ich finde allerdings, daß das noch kein ausreichendes Kriterium für «Glück» ist. Um glücklich zu sein, muß man sich geliebt fühlen, und die Schwarzen fühlen sich nicht geliebt. Man bringt ihnen jetzt allenfalls ein politisches Interesse entgegen, weil sie zum Überleben der Weißen notwendig sind...

Heute kann ich Dir eine Definition der Apartheid geben: sie ist ein Ausdruck des Minderwertigkeitskomplexes und oft der Mittelmäßigkeit des Kolonisators.

Erst nachdem ich jetzt den Vergleich mit anderen schwarzen Ländern habe, kann ich sehen, wie geschunden die Seele der Schwarzen in Namibia ist. Auch die Franzosen, Portugiesen und Engländer waren auf ihre Art Rassisten, aber sie haben ihren Rassismus nie gesetzlich fixiert wie die Südafrikaner. Es ist wirklich eine Vergewaltigung der Seele und eine so schwere Ketzerei, daß ein gläubiger Mensch sich wahrlich die Frage stellen muß, ob Gott ihnen dieses je vergeben wird.

Im Norden geschehen grausame Dinge. Menschen werden von Mitgliedern einer Spezialeinheit der südafrikanischen Polizei, den *Koevoets*, gefoltert. Die Franzosen haben das gleiche in Algerien gemacht, natürlich, und die «Terroristen» der SWAPO morden schließlich auch.

Die «Logik» der SWAPO-Kämpfer besteht darin, weiße Farmer und alle «Kollaborateure» Südafrikas umzubringen, und wenn auch andere Zivilpersonen dabei mit hochgehen, so sind das «Unfälle». Die Antwort der Südafrikaner besteht darin, mit gleichen Mitteln zurückzuschlagen. In militärischer Hinsicht trägt das vielleicht «Früchte», doch menschlich gesehen führt es zu einem nicht wiedergutzumachenden Haß.

Daß Folterungen stattfinden, ist natürlich jahrelang sorgfältig vor der Öffentlichkeit verborgen worden. Als vor fünf Jahren ein Priester davon sprach, wurde er sofort des Landes verwiesen. Dank zweier junger namibischer Rechtsanwälte deutscher Herkunft, namens Ruppel und Lubowsky, ist die Wahrheit schließlich an den Tag gekommen. Die Rechtsanwälte wurden natürlich sofort als «Kommunisten» denunziert. Aber die Ungläubigkeit der Weißen hier wurde durch die unerschütterliche Haltung des südafrikanischen Richters, der den «Kommunisten» recht gab, ins Wanken gebracht. Es gibt in Südafrika mehrere Richter, die eine hohe Meinung vom Recht haben.

Der Mut dieser beiden jungen Rechtsanwälte hatte Signalwirkung. Vor ein paar Tagen rief mich Hans, der Führer der kleinen christlich-demokratischen Partei im Norden des Landes, an. Er bat mich, nach Tsumeb zu kommen, um mir «Gefolterte» anzusehen, die inzwischen frei waren. Er wollte, daß die internationale Presse Kenntnis davon erhielt. Tsumeb ist eine kleine Minenarbeiterstadt, die langsam vor sich hinsiecht. Da der Kupferpreis gesunken ist, wurden Tausende von Beschäftigten arbeitslos. Die großen Schmelzöfen der Gießereien liegen genau im Stadtzentrum. Keine einzige Regel der Ökologie war eingehalten worden. Zahlreiche Angestellte der Mine und Anwohner leiden unter Beschwerden der Atemwege, die Bäume der Umgebung tragen keine Blätter mehr. Wir leben zwar in einem entlegenen Winkel Afrikas zwischen zwei Wüsten, wo manche Gegenden durch den Menschen weder berührt noch verschandelt worden sind, aber in Tsumeb ist die Landschaft durch die Industrie wahrhaft verwüstet worden, wie wir es von Europa kennen.

Hans hatte vier ehemalige Gefangene auf der Veranda seines Hauses zusammengeführt. Die großen südafrikanischen Zeitungen, das deutsche Fernsehen und die namibische Presse waren vertreten. Wir konnten sie alles fragen, was wir wollten: Grund der Festnahme, Bedingungen und Dauer der Haft, erlittene Mißhandlungen. Ich hatte den Eindruck, die gleichen Grausamkeiten zu hören, die man vom Vietnam- oder Algerienkrieg kennt. Die Männer vor mir waren Volksschullehrer, die man gewaltsam von ihren Familien oder Schulen verschleppt hatte, weil sie den «Terroristen» zu essen gegeben oder mit ihnen gesprochen hatten. Sie hatten sie geschlagen, ihnen die Augen verbunden und ihnen auf dem Bauch herumgetrampelt – alles, um sie zum Unterschreiben von Geständnissen zu zwingen. «Und jetzt», sagte Hans, «werden sie die Hose ausziehen, um die Narben ihrer Mißhandlungen zu zeigen, die Sie dann fotografieren können.» Ich sprang auf und wollte das verhindern, aber Hans bestand darauf. Ich entfernte mich von der Gruppe und sah von weitem die Hinterteile von vier Schwarzen, die von den Journalisten fieberhaft aus jeder Perspektive fotografiert wurden. «Armer schwarzer Mensch, wie weit mußt du dich noch erniedrigen, um Gerechtigkeit zu verlangen?» sagte der schwarze Dolmetscher neben mir, der sich zu mir gesellt hatte.

Aber Namibia wird auch noch auf ganz andere Weise Gewalt angetan. Jedes Küstenland hat das Anrecht auf 200 Seemeilen vor den eigenen Ufern, wo es unbehelligt von anderen seinem Fischfang nachgehen kann. Da Namibia noch nicht unabhängig ist, verletzen ausländische Schiffe diese Meilenzone und plündern die Fischgründe aus. Es sind im wesentlichen Schiffe aus dem Osten und Russen. Aber sie sind es nicht allein. Die Südafrikaner bedienen sich schon seit sechzig Jahren. Oder die Diamanten – wie viele Millionen Dollar mögen dem Land durch die Ausbeutung der Diamanten durch multinationale Firmen verlorengegangen sein? Stell Dir vor, die allmächtige *Consolidated Diamond Mine* (mit südafrikanischen, englischen und amerikanischen Aktionären) beutet seit fast sechzig Jahren Diamanten im Süden des Landes aus.

Zu der Zeit, als die Diamanten entdeckt wurden, trauten die deutschen Abenteurer ihren Augen nicht: sie brauchten sich nur zu bücken, um sie im Sand aufzulesen. Bei Mondschein war es noch leichter, denn dann sprühten sie tausend Funken.

Einige Jahre früher hatte ein Bremer Geschäftsmann 1883 einen 200 Kilometer langen und 32 Kilometer breiten Küstenstreifen von einem Nama-Häuptling gekauft, der – wie viele andere seiner Brüder – den neuen Kolonisatoren sein Land für die lächerliche Summe von «sechzig Wesley-Richard-Gewehren und fünfhundert englischen Pfund in Gold» verkauft hatte. Als er später sein Vieh darauf weiden lassen wollte, verstand er nicht, daß man ihm das verbot, denn vom Privateigentum hatte er nicht die geringste Vorstellung. Seine Ländereien bargen die märchenhaftesten Diamanten der Welt von der allerbesten Qualität, aber jetzt gehörten sie weder ihm noch seinen Nachkommen oder den Namibiern von heute. Das Land ist zum «*Sperrgebiet*» erklärt worden, und es ist verboten, hier einzudringen.

Vor kurzem war ich in Johannesburg zu einer dieser «Parties» eingeladen, bei denen man die schöne und sorglose Welt der Minengesellschaft trifft: Herren im Smoking mit graumelierten Haaren, Frauen, deren Finger über und über mit Diamanten bedeckt (zweifellos namibischen Ursprungs), «ein ganz exquisites künstlerisches Dekor, alles sehr raffiniert»; Originale von Matisse, Picasso und Gauguin, dazu schwarze Diener in Livree. Hier wird Englisch gesprochen, Afrikaans ist verpönt. Man erzählt den letzten Tratsch aus der Stadt, dem seltsamen Selbstmord von Soundso, man begeistert sich an dem Pferd, das beim letzten Rennen in Kapstadt gewonnen hat, und gerät in Ekstase bei der Beschreibung verschneiter Alpenlandschaften in der Schweiz. Du wirst es mir vielleicht nicht glauben, aber man kann mit diesen «raffinierten» Leuten einfach nicht über irgend etwas Ernsthaftes reden. Das finden sie ausgesprochen langweilig. Mit diesen «Revolutionen an der nächsten Straßenecke» wollen sie nichts zu tun haben. Im allgemeinen erledigen die burischen Polizisten die Drecksarbeit, zum Beispiel die Erteilung des Schießbefehls auf Demonstranten. Da sind mir meine letzten Kolonialherren in Namibia doch lieber. Von ihnen bekommt man wenigstens eine Antwort, auch wenn sie «Scheiße» lautet.

Sicher, diese multinationale Gesellschaft hat in Namibia für fünftausend schwarze Angestellte Arbeitsplätze geschaffen, eine Vielrassengesellschaft mit Modellcharakter in einer kleinen Stadt im Sand aufgebaut und Millionen für die Erziehung der afrikanischen Massen und die Bergbauforschung ausgegeben. Doch in meinen Augen ist das ein demütigender Paternalismus, auch sie handeln für das «Wohl» der

Einwohner dieses Landes, ohne sie um ihre Meinung zu fragen. Sie sind an die Stelle des Staates getreten. Es heißt, daß in einigen Jahren das Diamantenvorkommen erschöpft sein wird, ebenso wie der Fischbestand. Die Fische allerdings reproduzieren sich wieder, nicht jedoch die Diamanten, es sei denn, die Welt wird neu geschaffen. Eine große ausländische Urangesellschaft hat in der Wüste eine Stadt erbaut, wo man seit sieben Jahren Uran abbaut. Doch da der Uranpreis wegen eines Überangebots auf dem Weltmarkt gesunken ist, gibt es möglicherweise in ein paar Jahren sehr viel weniger Verträge. Wie Du siehst, baut man in Namibia Sandburgen. Eines Tages werden die Dünen alles wieder zudecken, wie das Anfang des Jahrhunderts in der Nähe der kleinen Küstenstadt Lüderitz geschehen ist, wo man Diamanten bei Mondschein fand. Armes Namibia, du bist ganz schön ausgeblutet.

Aber mehr oder weniger unauffällig leiten die letzten Kolonialherren Afrikas hier und da Reformen ein. In einem anderen Land gäbe es wahrscheinlich Wahlen, und die Opposition würde ihre Lösungen vorschlagen. Hier gibt es keine Wahlen, und die guten Ideen werden der Opposition gestohlen. Aber auch auf diese Weise kommt Namibia der Gerechtigkeit schrittweise ein wenig näher.

Das Marionettentheater

Februar 1983

Michel, es ist zum Verzweifeln, die südafrikanische Regierung hat wieder die gesamte Macht in Namibia übernommen. Mudge, der Präsident des Ministerrates, ist zurückgetreten, weil er es leid ist, Südafrika um etwas mehr verfassungsmäßige Freiheit anzubetteln. Der namibische Ministerrat und die Nationalversammlung sind von Südafrika zum Rücktritt gezwungen worden, weil sie nicht mehr «repräsentativ» seien. Außerdem warf Südafrika ihnen vor, nicht leistungsfähig und teilweise korrupt zu sein. Das mag wohl sein, ist aber auch wenig verwunderlich, denn Südafrika hat die Namibier auf den Umgang mit der Macht nicht vorbereitet.

Der «demokratische» Versuch ist also gescheitert. Wie so vieles andere ist er im namibischen Sand verlaufen. Ein Erfolg des demokratischen Experiments wäre mit dem Interesse Südafrikas eigentlich auch völlig unvereinbar gewesen, denn die südafrikanischen Schwarzen und Farbigen dort hätten bald die gleichen Forderungen gestellt. Die südafrikanische Regierung will also das Gleichgewicht zu seinem Nachbarn Namibia aufrechterhalten, das abwarten muß, bis seine große Schwester (oder eher sein *big brother*) in Südafrika kleine Fortschritte in die gleiche Richtung erzielt hat.

In Namibia herrscht also weiterhin, wie 1974 vor der *Turnhallenkonferenz*, eine Kolonialregierung. Die politischen Parteien schweigen, sie stehen noch unter dem Schock des Scheiterns. Der Krieg geht weiter. Der neue Verwaltungsangestellte Kosie van Tute ist gestern angekommen. Er allein regiert jetzt das Land. Er hat – flankiert von zwei Generälen – eine Pressekonferenz abgehalten, oder, genauer gesagt: er hat einen fünfzehn Seiten langen Text auf afrikaans vorgelesen. Ich verstehe diese Sprache inzwischen ganz gut, aber nicht gut genug, um zuverlässig mit ihr arbeiten zu können. Zum Schluß habe ich ihn höflich um ein englisches Exemplar für *Agence France Presse* gebeten, die ich hier vertrete. Das ist mein gutes Recht, da auch Englisch hier offizielle Sprache ist. Seine Exzellenz hat mir freundlich geantwortet. «Aber Madame, ich schlage Ihnen vor, einige Lektionen Afrikaans zu nehmen» – wie ein Lehrer, der mit seinem Schüler spricht.

Was wird aus diesem Land werden? Wutentbrannt habe ich danach den aufsteigenden Stern am Himmel der namibischen Politik, Eben van der Merwe, den Führer der namibischen weißen Nationalpartei, gefragt. Zu Deiner Erinnerung: Er gehört jener Partei an, die alles daran gesetzt hatte, um die *Turnhallenkonferenz* zum Scheitern zu bringen. Sie wollte, daß Namibia die fünfte Provinz Südafrikas bleibt. Van der Merwe empfing mich in seinem prachtvollen Büro. Mehrere Stunden haben wir geredet. Ich habe geduldig zugehört, wie er die Position der letzten Kolonialherren Afrikas darlegte und damit die Auffassung all derer, die gegen jegliche Veränderung sind. Er ist namibischer Bure und kämpft auf seine Art um das Überleben und die Zukunft seiner Kinder, wobei er darunter nicht nur das physische Überleben versteht, sondern eine ganze «Zivilisation». Er legte mir die Quintessenz seiner tiefsten Überzeugungen dar: Der Ursprung der Macht sei bei Gott; man solle anderen nicht antun, was man nicht selber angetan bekommen möchte; es gäbe Unterschiede zwischen den Menschen und gegenseitige Abhängigkeiten. Die Rechte der Völker haben Vorrang vor den Rechten der Menschen, erklärte er mehrmals und zitierte dabei das Alte Testament. Ich versuchte, ihn auf das Neue Testament und die Person Jesu zu lenken: auf die Bergpredigt: «Glücklich sind die Armen und Sanftmütigen, die nach Gerechtigkeit dürsten...» Aber wir verstanden uns nicht. Ich hatte wohl einen anderen Gott als er. «Im Namen eines Prinzips der ethnischen Gruppe wollen Sie also lieber sterben und zusehen, wie das Blut Ihrer Kinder vergossen wird, als das Prinzip der Menschenrechte zu akzeptieren?»

«Manche Prinzipien sind wichtiger als der Tod.»

Ich schwieg und dachte an die Widersprüche zwischen seinen Prinzipien und der Realität. Er hatte gerade einen riesigen Uni-Campus mit einer Aufnahmekapazität von 4000 Studenten bauen lassen, der jedoch ausschließlich für die Ausbildung weißer Volksschullehrer bestimmt war. Im Augenblick sind es nur etwa hundert Leute, die aber über ein olympisches Schwimmstadion, ein Rugbystadion, einen Tennisplatz und andere Luxuseinrichtungen verfügen. Die Mädchen veranstalten hier Schönheitswettbewerbe. Das Ganze hat etwa vierzig Millionen Dollar gekostet. Einige Kilometer entfernt liegt die afrikanische Stadt mit ihren überfüllten Schulklassen; hier fehlt das Geld, und viele Kinder gehen nicht zur Schule oder verlassen sie nach wenigen Jahren wieder.

Es ist schwer zu verstehen, daß Menschen, die sonst so «rechtschaffene» Überzeugungen zu haben scheinen, sich nicht der Immoralität ihres Handelns bewußt sind. Wie erklärst Du Dir das? Wenn eine Weiße mit einem Schwarzen schläft, gilt das als unmoralisch. Dagegen gilt es nicht als unmoralisch, in Krisenzeiten, wo es überall an Geld fehlt und viele Menschen unter dem Existenzminimum leben, halbleere Kulturpaläste zu bauen, die dann als Symbole der ethnischen Identität ausgegeben werden. Kannst Du mir sagen, was für einen Gott sie haben?

Nach dieser seltsamen und anstrengenden Unterhaltung habe ich mich draußen auf die Stufen des *Tinten-Palastes* gesetzt, einem Gebäude, das ein deutscher Kolonialherr erbaut hat und das seinen Namen der Bürokratie und den damit verbundenen Papierbergen verdankt. Er beherrscht das ganze Stadtbild von Windhuk, und sein Eingang ist von zwei Krupp-Kanonen, gleichsam den Überbleibseln der Kolonialära, eingerahmt. Gegenüber, zu meiner Linken, konnte ich die «weiße» lutherische «Lebkuchen-Kirche» erkennen. Dazwischen ein wunderbarer Palmengarten, Teiche, blühende Baumgruppen, den der alte Gärtner aus dem Schloß meines Schwiegervaters in Ordnung hält, ein sehr kolonialer Ort.

Das Fest der Entkolonisierung war vorüber, Südafrika hat sich alle Machtbefugnisse, die es vorher gnädig an Namibia abgetreten hatte, zurückgeholt. War alles nur ein Traum gewesen? Eine Fata Morgana im Sand der namibischen Wüste? Unser Schicksal ist auf diabolische Weise mit einer kleinen Minderheit in Südafrika verbunden. Sie hat alle Fäden in der Hand wie in einem Marionettentheater.

Ich fühle mich immer solidarischer mit jenen, die die Freiheit und Verantwortung für ihr eigenes Schicksal fordern, die tastend nach ihrer neuen afrikanischen Identität suchen in diesem Prozeß, den man die schmerzhafte Geburt der namibischen Unabhängigkeit nennen könnte.

August 1983

Der politische Alltagstrott wurde von einem ganz außergewöhnlichen Ereignis unterbrochen: der Generalsekretär der UNO, Javier Péres de Cuéllar, ist auf Informationsreise nach Windhuk gekommen und hat mit verschiedenen Parteien des Landes Unterredungen geführt, was ja eigentlich im Gegensatz zur UNO-Ideologie steht, wonach «die SWAPO die alleinige Vertreterin des namibischen Volkes ist»...

In der Regierung und dem Presseamt herrschte bei Ankunft dieser Nachricht ein heilloses Durcheinander. Was für einen Empfang sollte man diesem «Menschenfresser» von der UNO bereiten, der Namibia der heulenden Meute der SWAPO-Kommunisten zum Fraß hinwerfen will? Zum erstenmal behandelte man uns Journalisten von der Lokalpresse nicht mehr wie Schüler, sondern wie verantwortungsbewußte Erwachsene. Allerdings waren auch zahlreiche Journalisten aus der ganzen Welt anwesend, die paternalistischen Verhaltensweisen gegenüber wohl sehr empfindlich reagiert hätten. Im Pressezentrum wimmelte es von Polizisten in Zivil, die jede unserer Bewegungen belauerten, unsere Telefonate registrierten und uns sehr indiskret filmten, während wir dem Generalsekretär oder den Chefs der politischen Parteien Fragen stellten. Am liebsten hätte ich ihnen die Zunge herausgestreckt.

Am erstaunlichsten war der Empfang, den Péres de Cuéllar und seine Delegation den Journalisten und Mitgliedern der verschiedenen Parteien gab. Welch ein Mann! Ich war wirklich beeindruckt von der Freundlichkeit und Schlichtheit, mit der er sich unter all die Gruppen mischte, die sich gebildet hatten. Er war überrascht, daß *Agence France Presse* hier in Namibia vertreten war. Ich fragte ihn, ob er daran denke, wiederzukommen. «Ja, zur Unabhängigkeit.»

«Dann werden Sie also nicht mehr kommen, denn die Südafrikaner werden Namibia niemals hergeben.»

«Ach, seien Sie doch nicht so pessimistisch...!» meinte er voller Überzeugung. Andere Leute stellten sich zu uns. Ich konnte ihn nun in Ruhe beobachten. Der Mann hier vor mir war der höchste Diplomat der Welt, der die kompliziertesten Situationen klären mußte, und doch gab er jedem das Gefühl, zu seinesgleichen zu gehören. Er war – im Gegensatz zu dem Prinzen von Preußen, der nicht mit mir gesprochen hatte – ein «Prinz des Dialogs», der wirkliche Aristokrat, den ich unter all jenen gesucht hatte, die ich im Laufe der Zeit kennengelernt hatte.

Er fuhr dann nach Angola weiter. Zum erstenmal seit zehn Jahren flog ein Passagierflugzeug wieder direkt von Windhuk nach Luanda. Ist das ein gutes Vorzeichen? Wenn man an nichts mehr glaubt in der Politik, beginnt man an Engel zu glauben. Wenn der Abzug der Kubaner aus Angola, den die Amerikaner und Südafrikaner als Voraussetzung für Wahlen zur Unabhängigkeit Namibias fordern, auch nicht in seinen Bereich fällt, so glaube ich doch, daß Pérez de Cuéllar dieses Problem mit dem Präsidenten Dos Santos erörtern wird. Vielleicht kann er ihn davon überzeugen, daß eine Unterstützung aus dem Westen besser ist als diese Abhängigkeit von Moskau. Aber wer weiß, wie weit seine Handlungsfreiheit reicht? Wenn die Sowjets ein Land erst im Schraubstock halten, lassen sie es nicht mehr los. Ich hege eine vage Hoffnung, daß der UNO-Generalsekretär etwas erreichen wird.

September 1983

Erinnert Du Dich noch an Sikunda, den Angolaner? Seit vier Jahren habe ich ihn nicht mehr gesehen und glaubte schon, er sei tot, ein Opfer dieses permanenten Krieges. In Wirklichkeit kümmert er sich in einem Lager im Norden um angolanische Flüchtlinge. Plötzlich stand er vor unserer Tür. Er wollte das Neueste erfahren, denn der UNO-Sekretär war ja hier gewesen. Während dieser vier Jahre war die UNITA, zu der er gehört, zum Angriff gegen die von Kubanern und Ostdeutschen unterstützten Regierungstruppen in Angola übergegangen. Mit der logistischen Hilfe Südafrikas hatte die UNITA Straßen, Brücken, Bahnlinien und strategische Gebäude zerstört, Gefangene gemacht und viele Soldaten getötet. Welcher Wahnsinn treibt einen dazu, sein eigenes Land so zu zerstören? Das ist wieder einmal die «Logik» der Freiheitskämpfer.

Sikunda wurde von zwei jungen Guerilla-Kämpfern begleitet. Sie suchten Kleider für ihre Frauen und Kinder, die im vom Bürgerkrieg verwüsteten Angola leben. Alle drei blieben zum Abendessen. Sikunda, der in Europa studiert hat, stellte uns die dramatische Situation seines Landes dar: «Wir sind den Bürgerkrieg so leid und würden uns gerne mit unseren Brüdern von der MPLA aussöhnen und das Land wieder aufbauen. Aber die Großmächte lassen das nicht zu. Die

Sowjets haben ein *gentlemen agreement* mit den Amerikanern abgeschlossen, nach dem sie in Angola auch noch zehn Jahre nach der Unabhängigkeit (1975) bleiben dürfen. Im November 1985 werden die Amerikaner die Situation neu überdenken. Christine, ich sah in Angola lebende Leichname, sie waren nur noch Haut und Knochen und ich wollte nicht glauben, daß sie noch sprechen konnten...»

Wir saßen um den Tisch und schwiegen. Ich betrachtete die beiden jungen Guerilla-Kämpfer, die kaum siebzehn waren. Sie aßen nur wenig, und ich forderte sie auf, sich zu bedienen, aber sie zeigten auf ihren Magen. Ich verstand, daß sie es nicht gewohnt waren, viel zu essen. Dagegen tranken sie literweise Coca-Cola. Die Kinder stellten ihnen Fragen; sie interessierten sich für sie, der Altersunterschied zwischen ihnen war ja nicht sehr groß. Die beiden jungen Angolaner erzählten ihnen schüchtern, wie sie Krieg führten. Dreiundzwanzig Jahre dauert jetzt schon dieser Unabhängigkeitskrieg, und die junge Generation hat weder lesen noch schreiben, noch lieben gelernt, sie weiß nur, wie man sich im Namen von Ideologien bekämpft.

Die weltweite Rezession, die politische Unsicherheit und die Dürre führen zu einer täglich größer werdenden Verarmung der Namibier. Die Hälfte lebt in den Städten und ist dort den miserabelsten Lebensbedingungen ausgesetzt. Es gibt Sozialversicherungen für die wenigen Glücklichen, die Arbeit haben, und alle haben das Recht auf eine sehr niedrige Altersversorgung. Der Mann der jungen Farbigen, die mir im Haushalt hilft, hat sich mit seinem Arbeitgeber herumgestritten, der ihn ohne irgendeine Begründung vor die Tür gesetzt hat. Sie haben vier Kinder und keine Arbeitslosenversicherung. Heute morgen sprach sie mich an: «Madame, gib mir Geld! Meine Kinder haben Hunger!» Sie ist gerade vierundzwanzig, ihre Kinder haben seit einem Monat Hunger, und sie hat mir bisher nichts gestohlen. Was würde ich wohl tun, wenn meine Kinder hungrig wären? Ganz bestimmt würde ich die Reichen bestehlen. «Was machst du denn mit dem Geld, das du bei uns verdienst? Das müßte doch für euer Essen ausreichen?»

«Wir müssen die monatlichen Raten für unsern Kühlschrank abbezahlen. Wenn wir einen Monat nichts bezahlen, beschlagnahmt die Firma Lewis ihn drei Wochen lang, und wenn ich bis dahin nicht das Geld aufgetrieben habe, ist alles verloren, das angezahlte Geld und der Kühlschrank.» Ein Freund von uns, der Rechtsanwalt ist, hat das bestätigt.

Nicht nur die Möbelhändler beuten die Unwissenheit und Naivität der Armen aus, da gibt es noch Schlimmere, etwa die Sargverkäufer, die Beerdigungsinstitute. Sie profitieren vom religiösen Glauben der Leute an die Wiederauferstehung der Toten. Die Geister der Toten quälen nämlich die Lebenden, wenn diese ihnen keinen anständigen Sarg und kein entsprechendes Begräbnis geboten haben. Deshalb kaufen viele Schwarze ihren Sarg und ihre Beerdigung schon lange im voraus, auf Kredit. Und auch da ist dann alles verloren, wenn sie aus irgendeinem Grund eines Tages nicht mehr zahlen können. Dann leben sie ein Leben lang in Angst, daß der Geist der «Toten» ihre Kinder quälen könnte.

In Angola verhungern die Menschen im Busch, das heißt bezahlen für die Interessen der ausländischen Mächte. In Namibia leiden sie in den Städten unter den Augen der Reichen Hunger, die blind gegenüber Lazarus sind und trotzdem immer noch ein gutes Gewissen haben. Ein großer Teil des Proletariats lebt unter den gleichen Verhältnissen, wie Zola oder Dickens sie zu Beginn der Industrialisierung in Europa beschrieben haben. Der «Fortschritt», unser Fortschritt, hat dazu geführt, daß die afrikanischen Werte des Gemeinschaftslebens, der Familie, des Teilens, der Achtung vor den Alten und des Heiligen verkümmert sind. Sie beuten sich selbst untereinander aus.

Und der Staat, was ist mit dem, wirst Du fragen. Er gibt viel Geld aus, insbesondere für Luxusprojekte: Autobahnen, Fabriken (die oft kurz danach wieder zumachen), für rassisch getrennte Schulen, Kulturpaläste. Auf einmal versucht er, sich ganz schnell zu einem «modernen» Staat auf der Grundlage von Computern zu entwickeln, ohne die afrikanische Realität in Rechnung zu stellen. «Strategische» Entwicklungspläne werden von südafrikanischen Experten entwickelt, ohne die schwarzen Spezialisten zu Rate zu ziehen. Sie wissen besser als diese, was den Schwarzen nottut. Sie haben sich in nichts verändert... Jetzt glauben sie die Probleme Namibias mit der Entwicklung der Wirtschaft und dem Militär lösen zu können. Wie der Schah von Persien. Ich weiß nicht, ob die Amerikaner sie immer unterstützen werden. Die Wirklichkeit der Südafrikaner ist auf Sand gebaut, weil sie die «verborgenen Realitäten», die in Afrika so wichtig sind, außer acht lassen.

Ein Prozeß, an dem ich neulich teilgenommen habe, hat mir dies noch einmal deutlich werden lassen. Wir haben hier doch ganz bestimmte Sicherheitsgesetze, von denen ich Dir eigentlich schon erzählt haben muß. Sie erlauben es, Menschen ohne Urteil und für eine unbegrenzte Zeit, die vom Generaladministrator verlängert werden kann, zu verhaften. Es gibt hier politische Gefangene, außerdem Kriegsgefangene, wie die Leute von der SWAPO, die mit der Waffe in der Hand und in Uniform festgenommen werden. Doch die südafrikanische Regierung, die die Zusatzprotokolle der Genfer Konvention nicht unterschrieben hat, erkennt den ihnen zukommenden Status nicht an. Man weiß also nicht, welcher Kategorie diese Gefangenen zuzuordnen sind. Ungefähr zweihundert dieser «Kriegsgefangenen» sind seit sieben Jahren im Lager Mariental. Dort werden sie zwar korrekt behandelt, aber im Namen der südafrikanischen Gesetze ihrer Freiheit beraubt.

Der Prozeß gegen sie fand vor einigen Tagen statt. Fünfunddreißig Personen saßen auf der Anklagebank. Ihre Verteidiger, glänzende, englischsprechende Anwälte aus Südafrika, setzten das Publikum in Erstaunen. Sie zitierten zahlreiche juristische Texte (die den meisten unbekannt waren), um ihre Argumentation mit den großen Prinzipien des humanitären englischen Liberalismus zu untermauern. Ein verblüffendes Plädoyer! Das hatte Stil! Die Ankläger kamen ebenfalls aus Südafrika. Sie sprachen Afrikaans, waren sehr distinguiert und hielten ebenso triumphierend ihre Gesetze hoch, wobei sie das heilige Prinzip von «Recht und Ordnung», das sie selber kreiert haben, verteidigten...

Was für ein Theater, Michel! Die gelehrten Anwälte waren in schwarze langärmelige Roben gehüllt und schlugen sich die Prinzipien der europäischen Zivilisation um die Ohren. Auf der Anklagebank versuchten die Gefangenen wie auch die Zuschauer etwas von dem, was sie sagten, zu begreifen. Nur einige «Eingeweihte» konnten den Feinheiten dieses Wortgeplänkels folgen.

Der Richter entschied, nichts zu entscheiden, wie das so oft der Fall ist bei diesen politischen Prozessen. Beim Verlassen des Saals warfen sich ein paar Anwälte in die stolz geschwellte Brust.

Das war ganz schön grotesk, wie Du Dir sicher vorstellen kannst. Die Häftlinge wurden in ihrem eigenen Land nach einem fremden Rechtssystem mit Gesetzen gerichtet, denen sie selbst nicht zugestimmt hatten. Sie waren «Terroristen» geworden, um für die Freiheit zu kämpfen. Bei diesem Prozeß waren sie zu passiven Akteuren verdammt, die mit religiöser Andacht dieser heiligen Messe des Rechts lauschen mußten. Einige Wochen später wurden sie freigelassen, und zwar «im Geiste der Versöhnung des Abkommens von Lusaka». Die brillanten Anwälte hatten unanständig hohe Summen verdient, bezahlt von den Steuern der europäischen Christen, denn sie haben diesen Prozeß finanziert. Der Staat hatte mal wieder sein Gesicht bewahrt...

Die «Kollaborateure»

Mai 1984

Kürzlich habe ich im Fernsehen die Unterzeichnung des *Vertrags von Nkomati*, des «Nicht-Angriffs- und Kooperationsvertrages» zwischen Präsident Botha und Präsident Samora Machel von Mozambique verfolgt. Sicher wirst Du in den europäischen Zeitungen gelesen haben: «Samora Machel auf den Knien vor Südafrika.» So einfach ist das nicht. Sicher, Südafrika hat Mozambique destabilisiert, indem es die dortige Widerstandsbewegung unterstützt hat. Hinzu kommen jedoch die Unfähigkeit des marxistischen Systems, den Afrikanern im wirtschaftlichen Bereich Starthilfe zu geben; die meisten von ihnen, vor allem die Bauern, verweigern sich ohnehin. Außerdem haben die Ostblockländer ihre Versprechen im Sinne brüderlicher Freundschaft auch nicht gehalten. Mozambique wurde im COMECON – der Wirtschaftsgemeinschaft der Ostblockländer – nie als Partner akzeptiert.

Wenn ein Volk überleben will, ist es bereit, mit dem Teufel zu paktieren, das heißt in den Augen der südafrikanischen Regierung mit den Kommunisten. Der Vertrag von Nkomati bedeutet nicht, daß die beiden Staatschefs ihre Prinzipien aufgegeben hätten. Präsident Machel bleibt Marxist nach afrikanischem Muster, das heißt vor allem pragmatisch. Marx hat «Das Kapital» nicht für die Afrikaner geschrieben. Die müssen ihren eigenen Weg finden, was sicher schmerzhaft sein und Jahrzehnte in Anspruch nehmen wird, wobei man oftmals kaum entscheiden können wird, ob nun die Schwarzen Moskau für ihre Zwecke benutzen oder aber Moskau die Schwarzen, um das weiße Südafrika zu erdrosseln. Es ist nicht immer klar, wer wen manipuliert. Präsident Botha seinerseits bleibt seiner Kultur und seinen Prinzipien verbunden, aber ich halte ihn nicht für einen Rassisten. Das waren seine Vorgänger. Er hat es mit einer starken Opposition in den Reihen der Konservativen zu tun und kämpft um das Überleben seiner eigenen Regierung. «Paßt euch an oder verreckt», hat er im Januar zu ihnen gesagt. Fragt sich nur, wie und an was er sich diese Anpassung vorstellt.

Die südafrikanische Regierung würde zu gerne auch so einen Vertrag mit der angolanischen Regierung unterschreiben. Doch das ist angesichts der starken kubanischen Präsenz weitaus schwieriger. In Namibia regiert der Administrator Kosie van Tute weiterhin allein. Angesichts der Tatsache, daß sie schon einmal durch die Auflösung ihrer provisorischen Regierung gedemütigt worden sind, wissen die Namibier nur zu gut, daß sie sich vereinen müssen, wenn sie die Diktatur eines einzigen Mannes stoppen wollen. Im November 1983 haben sie sich zu einer Vielparteien-Konferenz zusammengefunden. Alle wichtigen Parteien Namibias nahmen diesmal daran teil, selbst die linken, mit Ausnahme der SWAPO, für die sie immer noch im Stil der üblichen Rhetorik «Marionetten» der südafrikanischen Regierung sind. Man wagte erneut zu hoffen.

Leider stiegen die Progressiven schon nach wenigen Verhandlungsmonaten wieder aus: die südafrikanische Regierung hatte versucht sie zu manipulieren, um eine Einheitsfront gegen die SWAPO zu bilden. Die SWAPO ihrerseits wurde unruhig als sie sah, daß eine solche Allianz auch ohne sie zustande kam. Auf einige der Beteiligten übte sie Druck aus, die daraufhin die Vielparteien-Konferenz verließen und ihr damit einen großen Teil ihrer Glaubwürdigkeit nahmen. Bleiben nur noch die «Kollaborateure» des Systems.

Ich glaube wirklich, wenn die südafrikanische Regierung in diesem Augenblick einen Wahltermin für die namibische Unabhängigkeit bei der Konferenz von Lusaka (Mai 1984) angekündigt hätte, wäre eine Versöhnung der Namibier zustande gekommen. Die SWAPO wäre ins Land zurückgekehrt. Aber diese Regierung will keinen Termin festsetzen; sie versteift sich darauf, daß es «von den Namibiern selber abhängt, ob sie sich an einem Konferenztisch verständigen können». Wie Pontius Pilatus wäscht sie sich die Hände in Unschuld.

Michel, vorher war es die Apartheid, die die Welt in zwei Hälften, in Schwarz und Weiß, spaltete. Nun ist es der Parteienklüngel. Die letzten Kolonialherren teilen die Welt in die Guten und in die Schlechten (Kommunisten). Und was machen die schwarzen Nationalisten? Dasselbe. Nur heißen sie bei ihnen Kollaborateure und Nicht-Kollaborateure. Wer an die Vielschichtigkeit politischer Situationen glaubt, hat in Namibia keinen Platz.

Die Kollaborateure werden von einem Teil der internationalen öffentlichen Meinung, der SWAPO, anderen linken Parteien und den Kirchen verurteilt. Ich maße mir nicht das Recht an, sie zu verdammen, denn es gibt solche und solche Kollaborateure. Natürlich sehen einige nur den materiellen Profit: ein Haus, ein gutes Gehalt, einen Mercedes. Andere jedoch haben «schmutzige Hände». Sie sind nicht mehr die Revolutionstheoretiker, die sie einmal waren; sie sind in die Arena hinabgestiegen und kämpfen Seite an Seite mit den spärlichen Mitteln, die ihnen bleiben und die die südafrikanische Regierung ihnen zugesteht. Man erkennt sie unfehlbar an ganz bestimmten Merkmalen. Sie trinken viel Alkohol, um die Spannung abzubauen, die die Kollaboration psychisch mit sich bringt, denn schließlich gelten sie als «Verräter». Die südafrikanische Regierung übt über Mittelsmänner ständig Druck auf sie aus. Sie müssen immer wieder Zugeständnisse machen. Einige tun mir wirklich leid. Wer diese Heuchelei nicht mehr aushält verläßt entweder die Politik oder wird zu einem Linksradikalen.

Der Administrator Kosie van Tute will die Leute also dazu zwingen, so zu denken wie er. In diesem Land leben noch traditionelle Häuptlinge, die weder lesen noch schreiben können und daher dem menschlichen Kontakt und Dialog eine große Bedeutung beimessen. Nicht die Zeitungsartikel werden sie überzeugen, sondern Menschen. Häuptling Munjuku vom Stamm der Mbanderu fällt es schwer, zwischen gut und böse zu unterscheiden, was die letzten Kolonialherren Afrikas in Namibia mit so viel Souveränität fertigbringen. Die Worte Kapitalismus, Kommunismus und Demokratie sagen ihm nicht viel. Zuallererst einmal ist er Patriot, und als solcher begegnet er den Kolonialherren, die er seit vierzig Jahren erträgt und beobachtet, mit Mißtrauen. Sein Stamm ist sehr arm, aber stolz und wird von anderen Herero-Häuptlingen schikaniert. Er machte sich auf den Weg, um den Repräsentanten von Südafrika in Namibia, also den Generaladministrator, offiziell um Unterstützung zu bitten. Eine ganze Delegation begleitete ihn.

Der Administrator empfing ihn wie einen Verräter, weil er auf der Konferenz von Lusaka auf der Seite der SWAPO gestanden hatte und schleuderte ihm eine Beschreibung aller Widerwärtigkeiten, die die SWAPO-«Terroristen» begangen haben, ins Gesicht: «Solche Leute unterstützen Sie also! Distanzieren Sie sich öffentlich von der

SWAPO, und wir können miteinander reden.» Wie einst der Großinquisitor zu den «Hexen» des Mittelalters sprach: «Verleugne Satan.»

Ich glaube, daß der Generaladministrator Kosie van Tute sich irrt. Er hat es hier mit dem traditionellen Afrika zu tun, wo das einmal gegebene Wort zwischen Häuptlingen unwiderruflich ist. Einen politischen Führer zu beleidigen, mag zum politischen Spiel gehören, doch einen traditionellen Häuptling zu erniedrigen, ist schlimm. Von ihm zu verlangen, daß er in aller Öffentlichkeit die SWAPO als terroristisch und kommunistisch bezeichnet, heißt zu riskieren, daß man ihm am Tag nach einer solchen Erklärung die Kehle durchschneidet.

Der Mbanderu-Häuptling hat es abgelehnt, Seiner Exzellenz Treue und Loyalität zu schwören. Anschließend traf er noch zweimal mit dem SWAPO-Präsidenten Sam Nujoma in Lusaka zusammen. Für einen namibischen Dialog ist er wie so viele andere wichtige Persönlichkeiten und Menschen mit gutem Willen verloren, die von den Weißen beleidigt und erniedrigt in das Lager des Radikalismus überwechseln.

Der Administrator Kosie van Tute wird uns verlassen. Er ist in Südafrika zum Gesundheitsminister ernannt worden. «Er hat sich um das Vaterland verdient gemacht», würden die Römer sagen.

Oktober 1984

Es wird immer schwieriger, Journalistin zu sein. Menschen wie Institutionen versuchen, uns als ihre Propagandawerkzeuge zu benutzen. Ich muß sehr viel vorsichtiger werden, um nicht in diese Falle zu gehen. Dadurch bin ich gezwungen, mich dauernd «pluralistisch» zu informieren. Ununterbrochen bin ich auf der Suche nach «der Wahrheit» ... Wo ist sie in diesem ganzen Parteienwirrwarr zu finden? Ich glaube, sie liegt verborgen im Herzen der ganz gewöhnlichen Leute, die die Dinge einfach, ohne politische Rhetorik zu benennen vermögen.

Gestern rief mich der Führer einer linken Partei der Schwarzen an, die lange Zeit von China finanziert wurde, um mich zu einer Pressekonferenz einzuladen. Er selber, Moses Katonga, gehört inzwischen zu den «Kollaborateuren». Als er mich anrief, um mir den Termin der Konferenz mitzuteilen, sagte er: «Christine, Du mußt kommen, damit Du dem Rest der Welt sagen kannst, daß wir keine Verräter sind, wie Sam Nujoma, der SWAPO-Präsident vor aller Welt behauptet.

Während der Unabhängigkeitskriege mußten die Parteien des Landes auch mit der Kolonialmacht verhandeln, um die Unabhängigkeit zu bekommen. Wir sind keine Verräter.»

Er saß wütend an seinem Schreibtisch. Eine ganze Reihe von Journalisten, immer auf der Jagd nach Sensationen, waren erschienen. Dabei kamen manche mit ihrer Boshaftigkeit auf ihre Kosten, die Schlagzeilen planten vom Typ: «Sie sind noch nicht einmal unabhängig, aber schon streiten sie sich untereinander.» Moses hetzte gegen Sam Nujoma, der, wie er behauptete, versuchte, die Mitglieder seiner ehemals maoistischen Partei mit Dollars zu kaufen. Er zitierte auch Beispiele von Volksbefreiungskämpfern, die zusammen mit ihren Kampfgefährten lebten: Amilcar Cabral, Arafat, Savimbi und andere. Während ich seine Anschuldigungen hörte, kam ich zu dem Schluß, daß die Nationalversammlung ihnen wohl kaum ausreichen würde, um ihre Streitigkeiten auszuräumen. Ein wenig naiv fragte ich ihn: «Aber sind Sie denn wirklich sicher, daß Nujoma Ihre Mitglieder manipuliert? Vielleicht sind sie aus eigenem Antrieb nach Lusaka gefahren, um ihn zu sehen. In einer Demokratie haben die Leute doch das Recht, die Partei zu wechseln!» Er warf mir einen vernichtenden Blick zu: «Es handelt sich um treue Parteimitglieder, und bevor sie einen solchen Schritt unternehmen, müssen sie die Partei um Erlaubnis bitten. Ich akzeptiere keine Dissidenten. Was uns anbelangt, sind wir lieber frei und arm wie jetzt, als reich und versklavt unter dem Verräter Nujoma.»

Nach der Pressekonferenz ging ich mit einem schwarzen Journalisten, dem einzigen des ganzen Landes, ins Café.

«Nun, glaubst du noch an eine Demokratie in Namibia?» wagte ich mich, ihn zu fragen, denn ich wußte, daß er empfindlich war. «Werden wir hier den gleichen Gesetzmäßigkeiten der Unabhängigkeit folgen wie die anderen afrikanischen Länder: Einheitspartei, ethnische Konflikte und Korruption?»

Er sah mich scharf an: «Die Weißen sind es, die unsere Mentalität durcheinander gebracht haben. Die fortschrittlichen Weißen müssen im Land bleiben, um uns beim Aufbau der Demokratie ‹nach unserm Muster› zu helfen. Das seid Ihr uns ja wohl schuldig!»

Zu Hause angekommen zerriß ich die Artikel, die ich für die schweizerischen und französischen Zeitungen vorbereitet hatte. Nein, ich wollte nicht zu einem Instrument werden und den Haß unter den schwarzen Nationalisten schüren. Die Demokratie europäischer Spielart ist auf dem besten Wege, sich Feinde zu schaffen und entspricht außerdem nicht ihrer Mentalität, genausowenig wie der Kommunismus, der ihre innersten Bestrebungen und ihre Vorstellung vom Heiligen negiert. Sie müssen ihr eigenes Modell finden, eine Gesellschaftsform, in dem die afrikanischen Werte und ihre Gefühlsweisen nicht ebenso erstickt werden wie jetzt durch die Weißen. Es wird eine lange und mühsame Suche sein, bei der die letzten Kolonialherren Afrikas ihnen helfen sollten, eine neue afrikanische Identität zu finden, jedoch ohne sie zu kritisieren und des «Kommunismus» zu verdächtigen, wenn sie anders denken als sie selbst. Unser Überleben als Weiße hängt mehr von dieser Suche nach Identität ab als von irgendeinem «strategischen Entwicklungsplan»...

Auch die Presse wird mehr und mehr kontrolliert. Das einzige Oppositionsblatt wurde nun auch noch verboten. Als Begründung heißt es, auf den letzten Seiten seien nackte Frauen abgebildet. Doch das ist ein Alibi. Es hatte gute politische Analysen gebracht. Radio und Fernsehen unterliegen ebenfalls der Zensur. Die Opposition hat nicht das Recht, sich zu äußern. Unser Telefon wird abgehört und je nach Bedarf abgestellt. Wenn ich Französisch spreche, geht es noch, sie verstehen nichts und nehmen einfach auf, aber wenn ich deutsch oder englisch rede und das Wort Polizei, *Koevoet* oder Bure sage, unterbrechen sie sofort. Die Zeitungen sind alle «weiß», und, vom *Windhoek Advertiser* abgesehen, verbreiteten sie falsche oder unvollständige Informationen. Nie werden die Argumente der Opposition objektiv dargestellt. Wir sind auf dem Wege zu einer Rechtsdiktatur, wenn nicht bald irgendein Ereignis die Entwicklung aufhält. Letztlich sind es der *Broederbond* und das Militär, die das Land unter Kontrolle haben.

Manchmal kann ich nur noch lachen: Die Polizei und das Militär benehmen sich zuweilen geradezu lachhaft...! Vor einiger Zeit verkündete ein Militärkommuniqué allen Ernstes, daß die «Gottlosen von der SWAPO» ihre Minen in verknittertes Papier eingewickelt hätten: es seien Seiten aus der Bibel gewesen...Welch eine Gotteslästerung! Kannst Du Dir vorstellen, daß diese «Terroristen» nach einem Fußmarsch von 150 bis 200 Kilometern von ihrem Lager in Angola aus und mit einer kompletten Militärausrüstung beladen auch noch die Bibel mitschleppen? Wenn sie endlich in Namibia ankommen, ist das einzige, was sie im Sinn haben, etwas zu essen. Das Ärgerlichste daran ist, daß die meisten der sehr christlichen Weißen diesen Unsinn auch noch glauben.

Kürzlich machte Präsident Botha eine Europa-Rundreise und führte dabei auch ein Gespräch mit dem Papst, der ihn und seine Frau empfing. Dabei hatte gerade die namibische Polizei Gefangene von der SWAPO (die die südafrikanische Regierung freigelassen hatte) auf einem kirchlichen Grundstück verhaftet! Es waren Leute gewesen, die gerade freigelassen worden waren und um die Erlaubnis gebeten hatten, zur Feier ein Barbecue auf dem Lande veranstalten zu dürfen. Ein besonders schlauer Polizist ließ sein Maschinengewehr liegen, um den Eindruck zu erwecken, die Kirche verstecke bewaffnete Terroristen. Aber ein Missionar vermasselte ihm dieses Spielchen und rief schleunigst bei der Polizei an, um zu melden, daß sie etwas vergessen habe. Kurz nach der Rückkehr von Präsident Botha wurden alle Gefangenen freigelassen.

Die Toten und die Hoffnung

November 1984

Am 2. November, Allerseelen, bin ich in die Kirche gegangen. Allmählich glaube ich auch daran, daß die Toten unter uns leben und unsere Gebete brauchen.

Es wurde schon früh hell, denn es ist Sommer. Die Kühle der Nacht liebkoste noch die Welt, bevor der Tag mit seiner glühenden Hitze anbrach. Es war, als wolle die Morgendämmerung ewig dauern, als fürchte sie sich vor der alles versengenden, strahlenden Sonne.

Die Kirche war mit vielen Blumen und brennenden Kerzen geschmückt. Plötzlich wurden mir alle diese Toten zuviel: die «Terroristen», die jungen Soldaten aus der Armee, die unschuldige Zivilbevölkerung im Norden des Landes. Alle waren sie umsonst gestorben, wie die Toten des Zweiten Weltkriegs. Ich mußte auch an die zwei getöteten US-Diplomaten denken, deren Fahrzeug in Ovamboland in eine Falle gegangen und gesprengt worden war, während sie den Abzug der südafrikanischen Truppen aus Angola überwachten. Mit einem von ihnen hatte ich am Tag zuvor noch gesprochen und ihn eingeladen, nach seiner Rückkehr zum Essen zu uns zu kommen. Er war so glücklich, zum Frieden in Namibia beitragen zu können.

Und dann war da noch mein jüdischer Arzt, der Selbstmord begangen hatte.

Wo waren sie nur alle? Waren sie immer noch unter den Lebenden und wurden auf ewig von dem Wunsch getrieben, sie zu lieben, oder wollten sie sie, Schutzengeln gleich, zu Gott führen?

Am Ende des Gottesdienstes sangen die Schulkinder das hebräische Lied: «*Shalom!*» Wer kann der unschuldigen Stimme von Kindern widerstehen? Ich wurde von Tränen überwältigt.

Das ganze Gerede von Politik, Kommunisten, Kollaborateuren, ethnischer Identität, Überleben der Weißen erschien mir auf einmal so gewöhnlich und hohl angesichts von Tod und Wiederauferstehung. Dies allein war wirklich von Bedeutung. Ja, der «Rest wird zu Staub»;

so hatte Piet es am offenen Grab aus dem Evangelium vorgelesen, als wir den alten Hirten Jonas in seinem Jutesack beisetzten.

Februar 1985

In Namibia gibt es nicht-staatliche Organisationen, ONGs, die jetzt überall aus dem Boden schießen. Kleine, zerbrechliche Blumen, ein Hoffnungsschimmer, weil sie ohne politische Hintergedanken den Namibiern wirkliche Hilfe zur Selbsthilfe geben, statt sie abhängig zu machen und zu kontrollieren.

Sie leisten eine bescheidene Entwicklungshilfe mit privater ausländischer Unterstützung, vor allem mit deutscher. Ich habe beeindruckende Menschen verschiedener Hautfarbe kennengelernt, die in aller Stille für die Entwicklung Namibias arbeiten. Dabei geht es nicht nur um ihr materielles Wohlergehen, sondern auch und vor allem wollen sie ihnen dazu verhelfen, verantwortungsbewußte Staatsbürger zu werden, die in der Lage sind, Alternativen zu entwickeln zu dem, was die Regierung ihnen ohne nach ihren eigenen Interessen zu fragen aufzwingt. Das sind in erster Linie Frauen, mutige Namibierinnen. Beatrice, die Leiterin der Organisation *Tucsin*, hat ein Projekt für junge Namibier auf die Beine gestellt, die das südafrikanische Abitur nicht geschafft haben oder deren Noten nicht ausreichen, um die Universität zu besuchen. Ohne diese Initiative wären sie zur völligen Untätigkeit verdammt. Ottilie und ihr Mann, ein Arzt, haben das Bürgerschaftszentrum von Khomasdal gegründet. Außerdem hat sie mehrere Landwirtschafts- und alternative Erziehungsprojekte ins Leben gerufen, die vom südafrikanischen System unabhängig sind. Dann ist da noch Nora vom namibischen Kirchenrat, die schon für Hunderte von jungen Namibiern, die in anderen afrikanischen Ländern oder in Europa studieren wollten, Stipendien aufgetrieben hat. Sie kümmert sich wie eine Mutter um sie. Und dann gibt es noch zwei kirchliche Sozialarbeiterinnen aus der *township*, Lindy und Rosa. Jeden Tag werden sie mit der Realität des Elends konfrontiert – verlassene Kinder, große Familien, Krankheiten, vor allem Tuberkulose, Arbeitslosigkeit, unzulängliche Wohnungen, unbezahlte Mieten, Prostitution: die ganze Litanei von Mängeln der Verstädterung. Die Kirchen haben in diesem Land bemerkenswerte Arbeit geleistet. Mir wird bang, wenn ich mir vorstelle, was ohne sie aus den Namibiern geworden wäre! Doch es gibt hier auch sehr aktive Einzelne: Gwen Lister etwa, eine Journalistin, die gerade die einzige Oppositionszeitung, die diesen Namen verdient, in Schwung gebracht hat. Oder deutsche Farmer, die Schulen im Busch bauen, hilfsbereite Ärzte, namibische Anwälte und südafrikanische Richter, die mutig die Gerechtigkeit in diesem Land verteidigen, wo im Grunde «Gesetz und Ordnung» vielfach bloß allerlei schmutzige Geschäfte derer decken, die sich bereichern und Namibia sofort nach der Unabhängigkeit verlassen werden.

Die SWAPO forderte umgehend alle ausländischen Regierungen auf, Namibia keine Entwicklungshilfe zu gewähren. So etwas nennt sich revolutionäre «Logik». Das bestehende System darf nicht unterstützt und dadurch gefestigt werden. «Es soll fallen wie eine faule Frucht.» Gott sei Dank hat die SWAPO Hilfe akzeptiert, wenn die Kirchen als Vermittler auftreten, ansonsten hätte ich diese Strategie, die den Ideologien den Vorrang vor den Menschen gibt, wirklich nur noch verurteilen können. Sicher, die SWAPO hat schon recht, es würde der südafrikanischen Regierung ganz gut ins Konzept passen, wenn die ausländischen Regierungen für die Entwicklung Namibias zahlten und sie selber das Land weiterhin kontrollieren könnte. Aber ohne diese Hilfe würden wir noch abhängiger von Südafrika werden.

Christophe hat schwarze Freunde, die er in *Tucsin* kennengelernt hat. Er trifft sie ab und zu mit seinen anderen Kameraden. Sie haben festgestellt, daß sie über viele Dinge miteinander reden und einiges voneinander lernen können. Raphael ist der Vorsitzende der schwarzen Studentenvereinigung. Er fragte Christophe, der an der deutschen Schule Schulsprecher ist, ob man seine Vereinigung nicht einladen könne, um zu diskutieren und sie ihren Standpunkt darstellen zu lassen. Der Direktor und der deutsche Schulvorstand lehnten ab. «Diese schwarze Vereinigung ist politisch, und wir wollen keine Politik an unserer Schule», erklärte man Christophe. Dennoch sind diese jungen Schwarzen voller Hoffnung und sehr vielversprechend; sie tragen nicht die Bitterkeit der Generation in sich, die die Apartheid in all ihrer Unmenschlichkeit erlebt hat. Es ist wirklich ein Verbrechen, sie zu enttäuschen. Und doch hat die Deutsche Schule das getan.

Die Geschichte von Jean, dem SWAPO-Kämpfer, ist ein gutes Beispiel, daß der Frieden und ein Zusammenleben möglich wären. Mit sechzehn Jahren floh er nach Angola, weil er das Kolonialsystem in Ovamboland ablehnte. Im Lager von Cassinga erhielt er von Kubanern und Ostdeutschen eine militärische Ausbildung. Am 4. Mai 1978 wurde dieses Lager von südafrikanischen Flugzeugen bombardiert und dann von ihren Soldaten angegriffen. Offenbar zögerten die südafrikanischen und namibischen Soldaten zunächst, auf Frauen zu schießen, doch da einige Uniform trugen, taten sie schließlich ihre soldatische «Pflicht». Es gab sechshundert Tote und tausendfünfhundert Verletzte, die in angolanische Krankenhäuser transportiert wurden. Journalisten kamen, um die Leichen in den Massengräbern zu zählen. Die Weißen fanden dieses Massaker «normal», und die Zeitungen schrieben, daß die «Terroristen» nur das bekommen hätten, was sie verdienten. Jean hatte rechtzeitig fliehen können, wurde aber mit etwa zweihundert anderen von den Südafrikanern gefangengenommen. Sieben Jahre lang war er in Mariental, im Süden Namibias in Haft. «Die ersten zwei Jahre war ich in Isolationshaft», erzählte er mir. «Ich sah nur den Wachtposten, und als einzige Lektüre hatte ich die Bibel und ein Psalmenbuch... Eines Tages kam Peter, der Delegierte des internationalen Komitees vom Roten Kreuz, und von dem Augenblick an änderte sich mein Leben. Ich bekam auch andere Bücher und durfte draußen arbeiten. Dann habe ich einen Antrag gestellt, um das Abitur im Fernkurs vorzubereiten, doch die Zusage kam erst bei meiner Freilassung 1984. Mit fünfundzwanzig war ich wieder frei, aber keine Schule wollte mich haben. Schließlich wurde ich von *Tucsin* aufgenommen, wo ich jetzt mein Abitur vorbereite.»

Du kannst Dir sicherlich vorstellen, unter welch ungünstigen Bedingungen Jean in der afrikanischen Stadt wohnt. Er findet dort nicht die nötige Ruhe zum Studieren. Ich habe nach einer weißen Familie gesucht, bei der er unterkommen könnte. Eine englischsprachige Familie, in der die Mutter allerdings Burin ist, hat sich gemeldet. Sie nahmen Jean bei sich auf und sagten: «Wir haben drei Söhne, und wir wären froh, wenn sie sich um einer besseren Zukunft willen miteinander verstehen...»

Jean gestand mir, daß er so etwas nie für möglich gehalten hätte. «Wenn ich mir vorstelle, daß ich den Sohn, der mir heute Mathe- und Physikstunden gibt, getötet hätte...» Er will Anwalt werden.

Der «heilige Krieg» gegen die «kommunistische Gefahr»

Juli 1985

Michel, wir haben wieder mal eine provisorische Regierung. Dieses Mal heißt sie «Übergangsregierung der nationalen Einheit», ein reichlich anspruchsvoller Name, wenn man bedenkt, daß die Hälfte der Bevölkerung des Landes darin nicht vertreten ist! Präsident Botha, Außenminister Pik Botha und Verteidigungsminister General Malan haben die Übergabe der Macht an die «Kollaborateure» unterschrieben. Der größte Teil der acht Minister und ihrer Vize-Minister, wie auch die zweiundsechzig Mitglieder der Nationalversammlung sind Schwarze und Farbige. Diese Leute wurden nicht gewählt, denn «in diesem Stadium der internationalen Verhandlungen für die Unabhängigkeit von Namibia hätten Wahlen zum jetzigen Zeitpunkt alles nur kompliziert gemacht». Dies verkündete Präsident Botha, der die SWAPO, die Kubaner und die Sowjets in Angola beschuldigt hatte, für die Verzögerung der Unabhängigkeit verantwortlich zu sein.

Ich teile die Ansichten Herrn Bothas nicht: eher meine ich, daß durch diese neue, provisorische Regierung die Verhandlungen über die Unabhängigkeit noch schwieriger werden und daß es vernünftiger gewesen wäre, überhaupt nichts zu machen oder die Gespräche mit Angola fortzusetzen, anstatt südafrikanische Soldaten mit Sabotageaufträgen hinzuschicken. Das allerdings wurde von der südafrikanischen Regierung geleugnet. Ich glaube auch, daß der Radikalismus im Innern des Landes dadurch nur größer wird und zu einer weiteren Verarmung führt. Aber vor allem bedeutet die Tatsache, daß wir jetzt eine nichtgewählte provisorische Regierung haben, daß die nächste (falls es überhaupt eine gibt) sich ebenso undemokratisch verhalten kann, indem etwa eine Einheitspartei ohne Wahlen eingesetzt wird.

Du willst wissen, welche Machtbefugnisse diese neue provisorische Regierung hat? Alle, ausgenommen die Verteidigungs- und die Außenpolitik, die in den Händen der südafrikanischen Regierung bleiben; alle, außer denen, die man den ethnischen Mini-Regierungen noch gelassen hat: Erziehungswesen, Gesundheit, Kultur, Landwirtschaft (teilweise). Alle, außer denen der Stadtverwaltungen, wo die Bürgermeister fast ausnahmslos burischer Herkunft sind. Was bleibt da eigentlich noch? Nun ja, wir haben ein paar Minister: einen für das Informationswesen, die Post, das Fernmeldewesen, für den Bergbau, den Tourismus, den Naturschutz, für die nationale Erziehung, die Stadtverwaltungen usw. Aber der Clou bei der Geschichte ist, daß alles von einer Verwaltung ausgeht, deren Schlüsselstellungen fast ausschließlich mit Südafrikanern besetzt sind, die sich erst in den letzten Jahren in Namibia niedergelassen haben. Sie haben alles infiltriert, während die deutschen und englischen Namibier schliefen. Die einflußreichsten sind Mitglieder des *Broederbond*. Ich frage mich also, was von den Entscheidungen der Minister noch übrigbleibt, wenn diese Apparatschiks sie erst einmal unter die Lupe genommen haben...

In Namibia kommen wir gewissermaßen nur im Rückwärtsgang voran, das heißt die Zugeständnisse an die Schwarzen sind minimal, abgesehen von ein paar spektakulären Ausgaben, die nach außen hin einen guten Eindruck machen sollen.

Fünfzehntausend Menschen haben an den Festlichkeiten zur Einsetzung der neuen Übergangsregierung teilgenommen. Es gab Brot, Spiele und Militärparaden. Zum krönenden Abschluß ging am Ende die Polizei brutal gegen die *township* vor, wo die Opposition mit etwa zweitausend Leuten, die nicht wie alle übrigen mit Bussen in allen Landesteilen abgeholt worden waren, eine Versammlung organisiert hatte. Reden und revolutionäre Gesänge, keinerlei aggressives Verhalten; erst als der Polizeihubschrauber die Menge überflog, ballten alle die Faust, und viele lachten. Ich war dabei. Fünfzehn Panzer (Caspirs) der *Koevoets* umzingelten die Menge, die schon nach Hause gehen wollte. Nach einer Warnung begannen die Polizisten auf die Leute loszuprügeln und gingen besonders hart gegen die Frauen vor. Sie verfolgten sie bis zu ihren Wohnungen. Ein Polizist warf eine Tränengasbombe in ein Zimmer, in dem eine Frau mit ihren vier Kindern war. So etwas hat man in Windhuk noch nie gesehen. Bisher sind uns dort solche Aufstände, die aus den südafrikanischen Städten bekannt sind, erspart geblieben.

Michel, eins kann ich Dir sagen, schon der bloße Anblick all dieser

Panzer war eine Provokation. Als ich sie sah, hätte ich am liebsten vor Wut geheult. Ich dachte immer, daß ich eine Pazifistin sei, doch jetzt hätte ich am liebsten Steine geworfen. Warum sind sie denn überhaupt gekommen? Die Menge war für die weiße Stadt doch gar keine Bedrohung – auch wenn die Polizei das später behauptete, um sich selbst reinzuwaschen. Das ist eine Lüge. Sie selbst hat die Leute provoziert, um zu zeigen, daß die linken Parteien in Namibia gewalttätig sind; doch es ist ihr nicht gelungen. Natürlich haben die Journalisten der ganzen Welt diese Geschichte schleunigst per Telefon weitergegeben. Was unsere neuen Minister anbelangt, so waren sie nicht im Bilde.

Nach dem Wortlaut des Völkerbund-Mandats von 1920, das die südafrikanische Regierung noch anerkennt, ist die Militarisierung Namibias untersagt. Welche Ironie! Morgens Festlichkeiten mit einer Militärparade in der *Kaiserstraße*: Panzer, Bataillone im Tarnanzug, Pferde, Hunde, Jagdflugzeuge... Heute ist Namibia völlig militarisiert. Aus dem Kolonialkrieg ist ein Bürgerkrieg geworden. Die «Befriedung» der nördlichen Gebiete, vor allem von Ovamboland, wird vom Militär durchgeführt.

All das ist natürlich die Schuld der Sowjets, der Kubaner und der SWAPO, sagt uns Präsident Botha. Möglicherweise sind die Sowjets auf dem Umweg über andere Völker eine Bedrohung für Südafrika. Das Ziel der Russen ist, die Welt zu beherrschen (wie das der Amerikaner übrigens auch): Afghanistan, Äthiopien, Angola. Für mich ist die Frage falsch gestellt und vor allem von den Südafrikanern falsch beantwortet. Man will keine Bedingungen für den Erfolg des Marxismus schaffen; doch genau das tut man hier, indem die Menschen daran gehindert werden, sie selber zu sein, indem man sie weiterhin beherrscht und ihnen ein fremdes Wertesystem überstülpt. Freie und verantwortungsbewußte Menschen brauchen keine Ideologie.

Das Militär ruft zum heiligen Krieg gegen den «Kommunismus» auf. *Djihad! Gott mit uns!* Ich an ihrer Stelle hätte wenigstens die Bescheidenheit, nicht den Namen Gottes anzurufen, nach dem, was sie gemacht haben, als sie die Apartheid mit der Bibel begründeten. Wenn die Religion sich auf den Überlebenstrieb stützt, so wie ich es hier gesehen habe, und nicht auf das innerste Wesen des Menschen, dann allerdings wird sie gefährlich. Das ist Fanatismus. Etwas Satanisches liegt in diesem Appell zum heiligen Krieg gegen den Kommunismus, dem man selber den Weg bereitet hat.

Ja, nach achtzehn Jahren in diesem Land kann ich Dir versichern, daß die Hauptverantwortlichen für diese ganze Situation die letzten Kolonialherren Afrikas sind. Sie haben nicht, wie die Nazis, sechs Millionen Juden umgebracht, um sie loszuwerden, doch viele von ihnen waren hart, arrogant, egoistisch, blind, gleichgültig oder feige. Auf diese Weise haben sie die zukünftigen Konflikte vorprogrammiert, Bedingungen geschaffen für eben den Kommunismus, der ihnen solche Angst macht. Der Boden für ihn ist vorbereitet, weil die Apartheid vierzig Jahre lang ihr Gift abgesondert hat, vor allem in Südafrika. Ich glaube nicht mehr an einen Frieden für das südliche Afrika in der nächsten Zukunft. Alles fällt auseinander, die Völker, die Parteien, die Gemeinden, die Familien und die Individuen. Wir sind alle schizophren geworden: An einem Tag herrscht Einverständnis innerhalb der Familie, am nächsten Tag ist man sich aus politischen Gründen plötzlich fremd geworden. Dieses fehlende Gleichgewicht macht sich bei vielen auch im seelischen Bereich bemerkbar.

Ein Beispiel dafür ist Rakurupa, der junge Dolmetscher des Mbanderu-Häuptlings. Er bewarb sich hier an der Universität, die gerade eingerichtet wird. An einer amerikanischen Universität hatte er soeben ein Diplom in Sozialwissenschaften erworben, aber man lehnte ihn ab mit der Begründung, er sei «überqualifiziert» (er hatte bloß ein Diplom des ersten Grades). Mich hat man auch abgewiesen. Du weißt ja, daß ich an einer Schweizer Universität eine Doktorarbeit über Namibia geschrieben habe. Auch mir erklärte man, ich sei überqualifiziert, außerdem sei das Afrikaans ein Hinderungsgrund; dabei verstehe ich es jetzt so gut, daß ich sogar Examensarbeiten in dieser Sprache korrigieren kann. Dann sagten sie, daß ich lange nicht in Soziologie unterrichtet hätte, obwohl ich doch gerade meine Prüfungen für den Doktortitel abgelegt hatte. Alles Vorwände, die ich widerlegen konnte. Aber das nützte nichts. Die Buren haben in dieser Institution Vorrang, selbst wenn sie weniger qualifiziert sind, in anderen Fällen auch. Ich bin ihnen verdächtig, weil ich der Meinung bin, daß man den Schwarzen dabei helfen sollte, ihre eigene Identität zu finden und sie nicht länger zu beeinflussen. Eine Sozialarbeiterin aus Katutura, der *township*, bestätigte mir, daß mehrere Namibier mit Diplomen amerikanischer und anderer ausländischer Universitäten von der Verwaltung unter demselben Vorwand abgelehnt worden waren, sie seien «überqualifiziert». Die weißen Buren verweigern diesen gebildeten

Namibiern das Recht auf Arbeit, obwohl doch viele von ihnen in den letzten Jahren nach Namibia kamen, weil sie in Südafrika keine Arbeit gefunden hatten. Inzwischen fahren sie in BMWs und Toyota-Land-Cruisers spazieren, diese Neureichen Namibias.

So schaffen die letzten Kolonialherren Afrikas immer wieder neue Anlässe für die wachsende Radikalisierung. Ich kann Dir versichern, daß die Namibier an sich friedliebende Menschen sind. Gerade bei ihnen habe ich authentische Christen gefunden und nicht bei diesen Pharisäern, die die Schlüsselstellungen in Namibia innehaben. Wenn einige gewalttätig geworden sind, ist es eine Antwort auf die Gewalt der Institutionen. Früher schenkte ich dieser linken Rhetorik keinen Glauben. Doch man muß gewisse Erfahrungen selber gemacht haben, um sie zu verstehen.

Das Drama ist leider, daß schon seit fünfundzwanzig Jahren Zehntausende von Namibiern den Weg ins Exil wählen mußten. Ein großer Teil von ihnen bevölkert die Flüchtlingslager Angolas und Sambias, welche von den Kirchen und internationalen Organisationen finanziert werden. Die genauen Lebensbedingungen in diesen Lagern sind nicht bekannt, denn weder Journalisten noch (nach seinen eigenen Angaben) das Internationale Rote Kreuz haben jemals die Erlaubnis bekommen, sie zu besuchen. Doch Zeugen, denen die Flucht gelungen ist, haben berichtet, daß die Lebensumstände hart sind und daß die Insassen marxistisch indoktriniert werden. Abweichler werden mißhandelt oder sogar «liquidiert». Wenn dieses Vorgehen auch zu verurteilen ist, frage ich Dich: Wer trägt die Verantwortung dafür, daß die Dinge so stehen? Vor zwanzig Jahren gab es noch keine solche Lager in Angola. Aber wenn man einem Volk die Freiheit verweigert, sucht es nach Hilfe, wo man sie ihm gewährt.

Auf Grund meiner Herkunft und meiner Kultur bin ich gegen Waffengewalt. Aber wenn ich als Schwarze geboren worden und 1960 zwanzig Jahre alt gewesen wäre, hätte auch ich mich den Befreiern Namibias in Tansania angeschlossen. Ich verstehe, daß sie zu den Waffen gegriffen haben; sie hatten keine Wahl.

Erinnerst Du Dich an die junge Novizin, deren Familie auf so tragische Weise auseinandergerissen wurde? Ein Bruder und eine Schwester, die wahrscheinlich bei südafrikanischen Bombenangriffen 1978 in Cassinga/Angola umgekommen sind, ein zweiter Bruder, der ge-

*Die Bücher kosteten nur noch
ein Fünftel ihres früheren Preises...*

...schrieb der Bischof von Aleria 1467 an Papst Paul II. Das war Gutenberg zu verdanken.

Heute, 500 Jahre später, kosten Taschenbücher nur etwa ein Fünftel bis ein Zehntel des Preises, der für gebundene Ausgaben zu zahlen ist. Das ist der Rotationsmaschine zu verdanken und zu einem Teil auch – der Werbung: Der Werbung für das Taschenbuch und der Werbung im Taschenbuch, wie zum Beispiel dieser Anzeige, die Ihre Aufmerksamkeit auf eine vorteilhafte Sparform lenken möchte.

Pfandbrief und Kommunalobligation

Meistgekaufte deutsche Wertpapiere - hoher Zinsertrag - bei allen Banken und Sparkassen

Verbriefte  Sicherheit

rade aus dem Gefängnis gekommen ist, wo er sieben Jahre inhaftiert war, ein dritter Bruder bei der Armee. Sie lud mich ein, beim Ablegen ihrer Gelübde im Kreise ihres Volkes in Ovamboland dabeizusein. Es war 800 Kilometer von Windhuk entfernt, unweit der angolanischen Grenze. Das Volk der Ovambo hat am meisten unter der Guerilla zu leiden und strahlt doch Freude und Hoffnung aus! Was ist das Geheimnis solch einer inneren Kraft? Ich glaube, es liegt daran, daß das Ovambovolk noch fest in seiner Kultur verankert ist, die auch fünfundsechzig Jahre südafrikanische Kolonisation nicht auslöschen konnte. Genauer gesagt, *noch* nicht ausrotten konnte, denn die südafrikanische Armee führt hier einen psychologischen Krieg, um die Bevölkerung zu «befrieden». Dieser Krieg besteht vor allem darin, insbesondere junge Leute, aber auch Verwaltungsangestellte zu beeinflussen. Diese Aufgabe übernimmt eine mysteriöse «kulturelle» Organisation, die sich *Etango* nennt (und *Ezuva* im benachbarten Kavango). Diese beiden Organisationen sind eine eigenartige Mischung aus heidnischen Bräuchen, nationalem Christentum und ethnischen symbolischen Werten, das Ganze pfadfinderisch verbrämt. Die alten deutschen Ordensschwestern der Mission stellten gleich die Diagnose: «Das ist wie bei der Hitlerjugend. Ihr werdet sehen, das Volk wird dagegen revoltieren.» Für die Ovambo ist *Etango* eine kulturelle Vergewaltigung, die zur Gewalt der Waffen, der sie seit Jahren ausgeliefert sind, hinzukommt. Seit acht Jahren herrscht der Ausnahmezustand. Wer bis 19 Uhr nicht in seine Hütte zurückgekehrt ist, ist in Gefahr, denn die Armee darf auf alles, was sich bewegt, schießen.

Die Nacht nach meiner Ankunft wurde vom Brummen der mit Radar ausgerüsteten Flugzeuge unterbrochen. Ich wagte mich nach draußen, wurde aber sofort vom aggressiven Lichtschein der hellen Raketen geblendet. Kurz darauf waren Gewehrschüsse zu hören, und dann war plötzlich wieder alles ruhig und finster. Hatte ich geträumt? «Habt ihr heute Nacht den Flugzeuglärm gehört?» fragte ich am nächsten Morgen, noch völlig unausgeschlafen. Die Ovambo begannen zu lachen. «Das hat nichts zu bedeuten. Das machen sie immer, um zu zeigen, daß sie noch da sind. Leider gibt es manchmal Tote...»

Im Laufe des Tages kreiste ein Hubschrauber über der Mission, denn die «Verdächtigen» kamen von den Nachbardörfern, um dem Gelübde von Schwester Charlotte beizuwohnen. Die Zeremonie dauerte Stunden. Sechsunddreißig Kinder wurden getauft und ein Paar getraut! Hier spielt sich das ganze Leben innerhalb der Gemeinschaft ab, keiner ist isoliert. Die Feierlichkeiten fanden in der Ovambo-Sprache statt, alles strahlte afrikanische Würde aus. Nach der Weihe von Brot und Wein ertönte ein jubelndes von Trommeln begleitetes Halleluja in den Gewölben dieser großen Kirche ...

Kurz danach begannen schwarze und weiße Nonnen in ihrer Ordenstracht vor der Kirche zum heulenden Gesang der Frauen zu tanzen. Sie stampften im Rhythmus mit ihren Füßen und jubelten der «Verlobten Christi» zu; diese nahm die Huldigungen mit unerschütterlicher Gelassenheit entgegen. Welch unvergeßliches Schauspiel! Du wirst es nicht glauben, dieser Freudentanz dauerte Stunden. Die Mission hatte alle zum Essen eingeladen. Ich war von der außergewöhnlichen Höflichkeit dieser Menschen ganz überwältigt. Wenn Du bedenkst, daß sich gerade hier die «kommunistische Gefahr» eingenistet haben soll, wie man uns in Windhuk von offizieller Seite immer weismachen will – das ist doch einfach absurd! Und im Namen dieser «kommunistischen Gefahr» hindern sie die Menschen daran, ihrem Wesen gemäß zu leben, zwingen ihnen die Sperrstunde auf, manipulieren junge Leute und inhaftieren angeblich Verdächtige. Ja, und immer wieder verschwinden Menschen. Die Spezialeinheit der südafrikanischen Polizei verhaftet, verhört und foltert sie auch bisweilen, einige kommen dabei um.

Die Ovambo, wie übrigens alle Namibier, werden weiterhin südafrikanisiert und amerikanisiert. Nur da soll das Heil zu finden sein. Hier kann man sich nicht vorstellen, daß es einen afrikanischen Mittelweg zwischen Kommunismus und südafrikanisch-amerikanischem Materialismus gibt. Am Abend habe ich sechs deutsche Missionare aus der Umgebung kennengelernt; sie nehmen sich des Seelenheils einer Bevölkerung von hunderttausend Menschen im Norden von Ovamboland, nahe der angolanischen Grenze an. «Aber das Gebiet ist doch total vermint, irgendwann treten Sie noch auf eine!» Pater Niehaus, ein robuster Westfale antwortete mir: «Sicher, das ist schon wahr, aber wissen Sie, wir Westfalen haben einen sehr tiefen Glauben, wenn wir auch manchmal schroff wirken. Sie wollen doch wohl nicht, daß ich diese Christen im Stich lasse! Wir haben sie christianisiert, wir haben eine Verantwortung! Ich bete also jedesmal, bevor ich in meinen Toyota steige, und dann denke ich nicht mehr dran. Sonst würde ich verrückt!»

Diese mutigen Deutschen unterscheiden sich so von den meisten Deutschen, die ich in Windhuk kenne, und die an nichts anderes denken, als die Bewahrung ihrer *Kultur* und ihrer «deutschen» Schulen. Dabei leben wir in Afrika.

Der Luxus der Armen

April 1986

Nun willst Du wohl wissen, was ich treibe. Seit geraumer Zeit schon arbeite ich in der kirchlichen Entwicklungshilfe. Nur durch die Vermittlung der Kirchen kann eine wirkungsvolle Hilfe aus dem Ausland nach Namibia gelangen, denn wir sind nun einmal kolonisiert. Innerhalb der sechs Monate, die ich inzwischen im afrikanischen *township* von Windhuk, in Katutura, arbeite, habe ich über Namibia mehr gelernt als in meinen fünfzehn Jahren als Journalistin. Ich habe das Herz dieses Landes entdeckt: sein Volk. Nicht das der schwarzen Intellektuellen, Politiker und Opportunisten, sondern das wirkliche Volk, das leidet und jeden Tag von neuem hofft.

Zwei Tage pro Woche arbeite ich im ärmsten Viertel Katuturas, dem *Single quarters*, wo elf Menschen in einem Zimmer hausen, 60 Prozent der Erwachsenen keine Arbeit haben, es nach Kot stinkt, weil die Abflüsse immer wieder verstopft sind und überall der Biergeruch in der Luft hängt, weil das *tombo* (Maisbier) für die Armen eine Einnahmequelle bildet.

Geduldig erklärt ihnen Lindy, was es bedeutet, für die Weiterentwicklung des Gemeinschaftslebens zu arbeiten: daß sie nämlich ihr Leben selbst in die Hand nehmen, sich organisieren müssen und nur noch auf sich selber bauen dürfen. Sie müssen ihre Vertreter, die sich für ihre Rechte einsetzen, wählen und «Kreditclubs» ins Leben rufen, die dann zum Banksystem der Armen werden könnten. Auf diese Weise wäre die Entstehung von Kleinhandel möglich. Rosa übersetzt ins Herero, Ben, ein Student, ins Ovambo. Die anfangs eher skeptischen Leute freuen sich jetzt, wenn wir kommen. Ich setze mich dann ein wenig abseits und mache mir Notizen. Dabei beobachte ich diese vom Elend verhärteten und verschlossenen Gesichter, die sich langsam mit Leben füllen. Miguel, der Angolaner, der die abgenutzten Jeans mit der Handnähmaschine repariert, hört aufmerksam zu. Josephat, der Ovambo, der so schön wie ein Prophet ist, will nicht daran glauben: «Und woher kriegen wir das Geld für diese Kreditclubs, die uns dann später finanzieren sollen?» Sein «Haus» ist gleichzeitig die Kneipe an der Ecke, wo die Männer Maisbier kaufen, das ihnen hilft, den langen Tag ohne Arbeit besser zu überstehen. Natürlich ist das illegal; die schwarze Polizei hat kürzlich eine Razzia durchgeführt und ihn verprügelt, nun humpelt er stark. Die Frauen bringen uns mehr Interesse entgegen. Sie nehmen alles auf sich, akzeptieren alles und fangen immer wieder von vorn an. Selbst ihre Männer mit den «progressiven» Ideen im Kopf, beuten sie aus. Sie baten uns um Nähmaschinen, Stoffe und Wolle, um sich an die Arbeit zu begeben.

Die andern Wochentage widme ich der Informationssuche und vor allem einer umfangreichen Studie, die ich im Auftrag der kirchlichen Sozialarbeiter in der *township* von Katutura organisiert habe. Wenn man bedenkt, daß ich fast zwanzig Jahre warten mußte, um eine richtige unabhängige Soziologenarbeit in diesem Land zu machen! Vorher hätte ich keine Institution zur Finanzierung eines solchen Projekts gefunden, oder man hätte mir von vornherein an allen Ecken und Enden der Untersuchung Beschränkungen auferlegt. Wissenschaftliche Unabhängigkeit in den Sozialwissenschaften gibt es hier nicht. Sie haben Angst vor den Ergebnissen.

Ich habe zwanzig junge Leute für die Interviewtechnik ausgebildet. Sie haben mit Begeisterung und einem wahrhaft leidenschaftlichen Interesse mitgemacht. Jede Woche haben wir uns getroffen, um zusammen Probleme zu besprechen, denen sie begegnet sind. Sie haben mir genausoviel beigebracht, wie ich ihnen mit meinem trockenen Theoriewissen geben konnte. Alle gehören sie zu christlichen Basisgemeinden, zu Gruppen marxistischer oder trotzkistischer Richtung oder zu sehr aktiven Frauengruppen. Ein Geistlicher der afrikanischen Methodistenkirche und zwei ehemalige politische Gefangene, die acht Jahre im Gefängnis verbracht haben, waren auch dabei. Alle gingen völlig in ihrer Aufgabe auf, setzten sich dafür ein, etwas zur Verbesserung der Lebensverhältnisse ihrer Angehörigen beizutragen; sie kannten Katutura wie ihre Westentasche und erzählten mir Geschichten, die ich fieberhaft notierte, um sie nicht zu vergessen. Sie sagten mir, daß sie durch diese Interviews erst entdeckt hätten, wie sehr ihr Volk täglich leide.

Du wirst vielleicht einwenden wollen, daß es um viele afrikanische Länder noch viel schlimmer steht. Aber solche Realitäten kann man nicht miteinander vergleichen, denn Namibia ist ein Sonderfall. Sechzig Jahre lang wurde es von Südafrika wie eine fünfte Provinz verwaltet. Kein anderes afrikanisches Land hat eine Kolonialmacht zum geographischen Nachbarn. Außerdem gibt es nirgendwo in Afrika so große weiße Städte gleich neben schwarzen. Natürlich gibt es überall in der ganzen Welt Arme, aber in Namibia und in Südafrika wurde alles entsprechend der Hautfarbe gebaut, geplant und organisiert.

Sicher, heute ändert sich so einiges. Es gibt arme Weiße und reiche Schwarze, aber dies sind wenige. Die Armut wird weiter wachsen, solange die südafrikanische Regierung mit ihrer Politik so weitermacht wie bisher. Und ich fürchte, kein Boykott und keine Antiinvestitionskampagne wird sie dazu bringen, ihre Meinung zu ändern. Sie werden lieber sterben (und wir mit ihnen), als daß sie ihre ethnische Identität aufgeben. In Europa weiß man, wie Völker sich aufführen können, wenn sie sich für überlegen halten.

So geht das Leben weiter. Es ist kaum zu glauben, aber die Einwohner von Katutura sind jeden Tag von neuem voller Hoffnung! Vielleicht ist das der Luxus der Armen. Ich warte auf die Unabhängigkeit, nicht auf eine, die uns weiterhin zu einem Satelliten Südafrikas macht. Nein, ich warte auf Unabhängigkeit, wie sie sich – zerbrechlich noch – in den Basisgemeinden, in den Oppositionsparteien regt, und wie ich sie aus den Bemerkungen desillusionierter Minister herauslese.

In Afrika wartet man immer darauf, daß die Lage sich verbessert, dabei gibt es so viel zu tun. Ich muß dabei an ein Buschmann-Sprichwort denken: «Sonne und Mond werden sich immer wieder vermählen.» Mit andern Worten, die Zeit spielt kaum eine Rolle. Doch es ist möglich, daß man während dieser Zeit des langen und geduldigen Wartens in der Stille der Namib-Wüste eine außergewöhnlich seltene Entdeckung macht.

Nach allem, was ich hier erlebt und versucht habe, Dir im Laufe dieser jahrelangen Korrespondenz mehr schlecht als recht und oft naiv zu erzählen – denn ich verstand nicht immer, wie mir geschah – habe ich eine Allgegenwärtigkeit, eine Vorstellung von Zeit entdeckt, die weder Vergangenheit, Gegenwart noch Zukunft kennt. Vielleicht ist es das, was Moses mit den Worten «Ich bin der, der ist» meinte. Auf jeden Fall ist ER von einer sehr großen ursprünglichen Zartheit und das in einem Land der Gewalt. ER hat mich gelehrt, dieses schwarze und weiße namibische Volk zu lieben und mich solidarisch mit seinen Leiden, Kämpfen, Verirrungen und Hoffnungen verbunden zu fühlen. Das alles war schon der Mühe wert, mich hier fast zwanzig Jahre lang bei den letzten Kolonialherren Afrikas zu verirren, findest Du nicht?

Ich umarme Dich

Deine kleine Schwester

«Out of Africa»

Windhuk, August 1986

Die Bedingungen in den letzten vier Monaten haben sich verschlechtert. Seit März hat Piet keine Arbeit mehr. Zuletzt arbeitete er in einer südafrikanischen Firma für Milchprodukte und Tiefkühlkost. Die Auswirkungen der Sanktionen amerikanischer Banken gegen Südafrika und die Verschlechterung der Wirtschaftslage in diesem Land werden spürbar. Die südafrikanischen Firmen reduzieren ihr Personal. In Piets Firma haben sie natürlich die beiden Südafrikaner behalten und ihn, den Namibier, entlassen; zum Monatsende und ohne Entschädigung, versteht sich. Piet hat zwei Kinder, die beiden anderen südafrikanischen Angestellten haben keine oder solche, die schon das Elternhaus verlassen haben. Das ist die Überlebensstrategie der Südafrikaner hier, sie setzen sich über die Köpfe der anderen hinweg.

Weißt Du, was ich gemacht habe? Ich habe einen schwarzen Anwalt aufgesucht, der die armen Schwarzen verteidigt, die täglich ihre Arbeit verlieren. Und nun bat ich ihn, den preußischen Aristokraten zu verteidigen. Komisch, nicht? Er antwortete mir: «Da kann man nichts machen, auch nicht für die armen Weißen. Es gibt in Namibia keine Gewerkschaften, die diesen Namen verdienten. Die Arbeiter sind völlig schutzlos.»

Ohne das Gehalt von Piet haben wir nun auch keine Krankenversicherung mehr für die Familie, und die bescheidene Pension, die uns auf einmal ausgezahlt wurde, haben wir für unsere täglichen Ausgaben schon aufgebraucht. Selbstverständlich gibt es in diesem Land keine Arbeitslosenversicherung. Nun versuchen wir eben, uns mit dem Gehalt, das die Kirche mir zahlt, über Wasser zu halten. Es war ein ziemlicher Schlag für uns, auf einmal in einer so unsicheren Situation zu leben. Ich beklage mich nicht allzu sehr, denn durch meine Arbeit sehe ich so viel Elend um mich herum. Bei den Farbigen und Schwarzen herrscht mehr Solidarität als bei den Weißen.

Wir sind nun also «arme Weiße» geworden, die inmitten der Möbel, des Prozellans und der Stiche des schlesischen Schlosses leben. Trotz dieser Situation übernehmen wir keine extrem rechten Ideen, wie das bei den meisten Weißen der Fall ist. Im Gegenteil: Wir fühlen uns erst recht mit denen solidarisch, die mehr Gerechtigkeit verlangen. Der Konflikt in Südafrika ist nicht mehr nur ein Rassenkonflikt, er ist zu einem furchtbaren Klassenkonflikt geworden. Wenn wir fast alles verloren haben, dann verdanken wir das der selbstmörderischen Politik der südafrikanischen Regierung, die vom Militär diktiert wird.

Dieses Mal glaube ich, daß wir nun wirklich den Weg ins Exil wählen und Namibia verlassen müssen, um in der Schweiz ein Leben in größerer Sicherheit aufzubauen. Alles radikalisiert sich hier. Wenn eine Regierung es ablehnt, dem Lauf der Geschichte zu folgen und die Entkolonisierung Afrikas zu akzeptieren, kann sie sich nur noch mit Gewalt halten und kommt in das Getriebe des Ost-West-Konflikts. So gleichen wir mehr und mehr den Ländern des Nahen Ostens, Afghanistan, Nicaragua oder Polen. In Südafrika wird die Opposition geknebelt: Journalisten, Gewerkschafter, Priester und Pfarrer sitzen im Gefängnis. In Namibia bahnt sich dieselbe Diktatur an. Und daß ich nun, in einem Augenblick, in dem ich wirklich das Gefühl hatte, nützlich zu sein, meine Arbeit aufgeben muß, schmerzt mich sehr.

In einigen Wochen werde ich abfliegen – nur mit einem Hinflugtikket. Wenn alles gut geht, werden Antoinette und Piet später nachkommen. Christophe ist schon in Europa. Er hat für zwei Jahre ein Stipendium, um sein Abitur an einer internationalen Schule in England zu machen. Diese Höhere Schule nimmt jugendliche Stipendiaten aus der ganzen Welt auf. Sie befindet sich in einem alten englischen Schloß. Der Enkel des Grafen von Ratawu schlägt sich ganz gut durch. Seine Freunde kommen von überall her; er möchte Arzt werden, um eines Tages nach Namibia zurückzukehren. Kürzlich schrieb er mir: «Ich weiß gar nicht, wie ich das alles in der deutschen Schule von Windhuk überhaupt aushalten konnte. Abgesehen von meinen Freunden Stephan und Utz und ein oder zwei anderen, sind die meisten Rassisten! Sie merken es noch nicht einmal. Ich mußte raus aus diesem Land, um es zu begreifen.»

Zur Zeit will er auch nicht in seine Heimat zurückkehren, denn er verweigert den zweijährigen Militärdienst in der südafrikanischen Armee unter den heutigen Umständen. Er will nicht in die südafrikanischen *townships* geschickt werden, um «Gesetz und Ordnung» aufrechtzuerhalten oder in Angola gegen eine souveräne Regierung kämpfen, die uns nie angegriffen hat. Viele junge weiße Namibier und Südafrikaner müssen ins Exil gehen, weil sie einen solchen Militärdienst nicht leisten wollen. Der Zusammenhalt mancher Familien wird dadurch zerstört.

Ich habe in Lausanne eine Arbeit gefunden, die es mir erlaubt, weiter im Bereich der Entwicklungshilfe für die Dritte Welt zu arbeiten. Ich glaube, daß dies die einzige Bedingung für den Frieden auf dieser Erde ist. *Pain pour le Prochain* («Brot für Brüder»), eine Entwicklungshilfe-Organisation der protestantischen Kirchen in der Schweiz, hat mich herzlich aufgenommen. Ich bin ihnen dafür sehr dankbar.

Mehr schreibe ich Dir nun nicht: Wenn man Afrika verlassen muß, weint man immer. Diesmal bin ich es, die bei meiner Ankunft am Genfer Flughafen weinen wird, und Du, Du wirst lächeln. Dann hast Du endlich Deine kleine Schwester wieder.

frauen aktuell

R. Arditti / R. Duelli Klein / S. Minden
(Herausgeber)
Retortenmütter
Frauen in den Labors der Menschen-
züchter (5538)

Cheryl Benard / Edit Schlaffer
**Die ganz gewöhnliche Gewalt
in der Ehe**
Texte zu einer Soziologie von Macht und
Liebe (4358)

Karin Egidi / Gislind Bürger
Das Gefühl der Befriedigung
Was Sexualforscher nicht erfassen können,
sagen die Frauen selbst (4730)

Barbara Kavemann / Ingrid Lohstöter
Väter als Täter
Sexuelle Gewalt gegen Mädchen
«Erinnerungen sind wie eine Zeitbombe»
(5250)

Ingrid Müller-Münch
Die Frauen von Majdanek
Vom zerstörten Leben der Opfer und der
Mörderinnen (4948)

Birgit Kienzle
Julie die Magd
«Ich habe nur ein Recht gehabt, keins zu
haben» (5129)

**Eine
Auswahl**

**Heraus-
gegeben
von S. v.
Paczensky**

C 2078/7

5353

12137

frauen aktuell

Karin Fißler
«Ich brauche die Arbeit zum Leben!»
Arbeitslose Frauen erzählen (5244)

Heide Hering
Weibs-Bilder
Zeugnisse zum öffentlichen
Ansehen der Frau.
Ein häßliches Bilderbuch
Aktualisierte Neuauflage
(12138) Juli 87

Cristina Perincioli
Die Frauen von Harrisburg
oder «Wir lassen uns unsere Angst nicht
ausreden» (4719)

Inge Sollwedel
Neue Männer für die neuen Frauen?
Männer über Geld, Haushalt, Kinder, Liebe
und die Karriere ihrer Frauen (5443)

Barbelies Wiegmann
Ende der Hausfrauenehe
Plädoyer gegen eine trügerische
Existenzgrundlage (4530)

Eine Auswahl

Herausgegeben von S. v. Paczensky

C 2078/7 a

5914

5529

Probleme Südafrikas

Mary Benson
**Nelson Mandela –
die Hoffnung Südafrikas** (5887)

Helen Joseph
Allein und doch nicht einsam
Ein Leben gegen die Apartheid (5928)

Erika Runge
**Südafrika – Rassendiktatur
zwischen Elend und Widerstand**
Protokolle und Dokumente zur
Apartheid (1765)

Anthony Sampson
**Weißes Geld und
schwarzer Widerstand**
Apartheid und Big Business
(12229) Juni '87

Awa Thiam
Die Stimme der schwarzen Frau
Vom Leid der Afrikanerinnen
(frauen aktuell 4840)

Ruth Weiss (Herausgeberin)
Frauen gegen Apartheid
Zur Geschichte des politischen Widerstandes von Frauen (frauen aktuell 5914)

Herausgegeben
von
Freimut Duve

C 2133/7 a

5626   5533

Politische Atlanten im Großformat

rororo aktuell 5031
316 Karten

rororo aktuell 5237
40 vierfarbige Karten

rororo aktuell 4726
Über 60 vierfarbige Schaubilder

rororo aktuell 5445
57 vierfarbige Karten

Herausgegeben von
Freimut Duve